朝花论丛

绍兴文理学院人文学院研究生学术论文集（三）

主编 叶岗　解晓龙

浙江工商大学出版社

图书在版编目(CIP)数据

朝花论丛：绍兴文理学院人文学院研究生学术论文
集. 三 / 叶岗，解晓龙主编. —杭州：浙江工商大学
出版社，2018.7

 ISBN 978-7-5178-2811-2

 Ⅰ. ①朝… Ⅱ. ①叶… ②解… Ⅲ. ①社会科学—文
集 Ⅳ. ①C53

中国版本图书馆 CIP 数据核字(2018)第 150615 号

朝花论丛
——绍兴文理学院人文学院研究生学术论文集（三）

主编 叶　岗　解晓龙

责任编辑　刘淑娟　张　科
封面设计　林朦朦
责任印制　包建辉
出版发行　浙江工商大学出版社
　　　　　　（杭州市教工路 198 号　邮政编码 310012）
　　　　　　（E-mail：zjgsupress@163.com）
　　　　　　（网址：http://www.zjgsupress.com）
　　　　　　电话：0571-88904980,88831806（传真）
排　　版　杭州朝曦图文设计有限公司
印　　刷　虎彩印艺股份有限公司
开　　本　710mm×1000mm　1/16
印　　张　9.5
字　　数　141 千
版 印 次　2018 年 7 月第 1 版　2018 年 7 月第 1 次印刷
书　　号　ISBN 978-7-5178-2811-2
定　　价　29.00 元

序

    唐代杨巨源《城东早春》云:"诗家清景在新春,绿柳才黄半未匀。若待上林花似锦,出门俱是看花人。"此诗表达了作者对冲寒而出的早春之柳的欢悦和赞美,一如我们在编选这本论文集时的心情。

    绍兴文理学院人文学院在新世纪初即与省内外兄弟高校联合培养硕士研究生,经历十多年风雨,积累了一定的办学经验。2013年获得国家学位办颁发的研究生招生资格,次年就开始独立招生。在学校和有关部门的帮助支持下,研究生培养的各项工作逐渐走上健康发展之路。论文集的出版,便是其中一项成果。

    学院在中国语言文学学位点的六个专业的人才培养方案中,非常强调培养学生的研究思维和研究能力,开设了一系列相关课程。各位导师无论在授课还是在具体指导中,也结合自身的科研项目,注重把学生领入到学术研究的前沿领域。国内外学术名家的讲座,亦时时给学生以启迪。经过精心培育,有不少学生的课程论文,已在各级刊物上公开发表,体现了一定的培养质量。

    其实,中文学科诸专业的硕士研究生,将来所从事的工作,基本与理论性的文字写作有关。所谓"文人出门两条枪",指的就是社会公众期待视野中的文字表达能力和口头表达能力。在一定程度上,写作能力的高下与优劣,就是区别中文学科人才质量的标准线。以此为基础,如果在篇章中能够体现出作者的理论研究水平和创新精神,则质量更高。学院殷殷瞩望于各位研究生的,就是上述各方面的结合。

    目前,文化产业已经成为国民经济的重要支柱产业,但是,我国实际从事文化产业的人口,仅为1.2%左右,距离发达国家的8.6%还有相当大的上升空间。在这样的形势下,一个具备人品素养、理论水平和写作能力的毕业生,势必受到社会的欢迎。绍兴是国家首批历史文化名城,经济发达,区位条件优越,文化底蕴深厚,文化资源丰富,发展文化产业具有明显优势。在这人文荟萃之地，对人才的需求就更高。

本书中的各篇论文，经历了一段时间的修改，各位导师也做了精心指导，有不少学术闪光点和一定理论深度，显示了学院研究生在文学、语言和文献研究等方面的勃勃生机。编者盼望他们以此为起点，走出一条更为宽广的学术之途。

本书名曰《朝花论丛》，寓含着致敬鲁迅先生之意。希望这种书籍形式的"论丛"，能够连续出版下去。

感谢浙江工商大学出版社接纳论文集的出版。

是为序。

叶　岗　解晓龙

2017 年冬日

目录 Contents

中国古代文学

中国现当代文学

文艺学与世界文学

中国画"留白"的美学思想

王令哲

摘　要　留白作为一种民族典型审美特征的创作技法和原则,对中国的哲学思想和美学思想有着深远影响。本文探讨了留白艺术的哲学渊源,并从美学的角度审视中国传统绘画中的留白技法和构图布局,进而发掘其中人们的艺术追求和精神境界。

关键词　留白;审美;虚实

留白艺术是我国传统文化中一种独特的审美标准和理念。它渗透在文学、美术、音乐、建筑等各个艺术门类之中。留白的手法,虚实相生,以有限传达无限,从而营造出独特的审美意境。可以说,留白不仅是中国艺术审美的一个重要观点,也是中国美学思想的核心问题。

一、儒家美学思想对留白艺术的影响

留白艺术的产生和发展,是中国传统文化渲染下的必然结果,深受中国古代哲学思想影响。《论语》中提到"绘事后素",先有白色的底子再有上面的绘画,即"绚烂至极,归于平淡"[1]。《周礼》中论到"绘画之事后素功",绘画的事情是在白色的底子上用功夫[2]。

儒家倡导"礼""乐"文化。"礼",就是规范、有秩序;"乐"则强调"和"与"相济",而"和"与"相济"必然存在于事物的不同属性之间,例如

---

[1]　宗白华:《宗白华全集》,安徽教育出版社 2008 年版,第 460 页。

[2]　潘运告:《宋人画论》,熊志庭、刘城淮、金五德译注,湖南美术出版社 2000 年版,第 3 页。

"乐"的音高、音长、音强、音质等不同属性之间的"和"与"相济"。中国绘画受到传统礼、乐文化的影响，也就有了法度规矩。用"礼"来约束绘画的章法规矩；"和"与"相济"表现在国画上，则是"墨"与"纸"之间的对立与调和，也就是"黑""白"之间的对立与统一。因此造就了中国画留白艺术的形成。此外，儒家文化强调阴阳互补。《易经》中就有"一阴一阳谓之道"的说法。阴阳二气生成万物，因此也形成阴阳相生相克，彼此对立统一的辩证思想。

二、道家佛家思想对留白艺术的影响

道家和佛家的思想阐释了有形和无形、有限和无限的统一的美学观念，强调虚实相生，且偏重于虚。两家所倡导的这些艺术审美精神，极大地影响着中国绘画的留白审美特征。

道家老子在《道德经》中就论及有无相生的观点："天下万物生于有，有生于无。""三十辐共一毂，当其无，有车只用。埏埴以为器，当其无，有器之用。凿户牖以为室，当其无，有室之用。故有之以为利，无之以为用。"其中通过三个比喻说明了有和无之间相互依存、相互转换的辩证统一的关系，以及无或者空的重要性。所谓"淡然无及而众美从之""朴素而天下莫能与之争美"，道家美学所说的"道"，是超越生命和宇宙基础的"无"，它表现在坚持本性本色，消弭一切认为的意图。对于美的追求，讲究自然、朴素。主张"无我""忘我"的超越，超越宇宙一切尘嚣的清净、虚无的"大美"状态。"大音希声，大象无形"是老子提出的一种美学观念，说明了虚实之间的关系。大音、大象皆是由于无声、无形才能包容万物，借助联想和想象，使一切高于现实，显现出潜在的可能性。自然界呈现出来的黑白之美，通过哲学家的分析归纳，总结出了高度概括的美学理论。老子论道："知其白，守其黑，为天下式。"白是指明亮，反之，黑理解为晦暗。白为显，黑为隐。知其白才能守其黑，黑白必然相互依存，两者不能缺其一。虽然老子是从哲学领域提出的辩证观点，却也深远地影响了中国绘画发展和美学研究。

道家的另一位代表人物庄子认为"虚室生白""唯道集虚"。无论诗词文章还是绘画园林，中国艺术重视这种以虚为实的意蕴。庄子"天地与我并生,万物与我同一",追求以有限超越无限的自由境界。

佛家认为外界世界都是虚幻的,应回归到人的内心世界中,正如佛教经典《心经》中说的,"五蕴皆空,色不异空,空不异色,色即是空,空即是色。是故空中无色",有和无的不同在于心。

三、中国绘画中的留白

中国艺术,无论是书画音乐,还是雕塑建筑,无处不彰显出"留白"在艺术创作中的重要地位和魅力之处。下面就绘画方面的留白这一艺术形式做具体分析。

中西方绘画都重视虚实法,但着眼点不同。西方绘画本着成为"第二自然",按照焦点透视的原理,近大远小,近实远虚,达到写实的效果。人们由此得到如摄影一样接近真实的审美感受。与之相对,中国绘画美学思想受到以无为本的影响,以黑白驾驭全局,以少胜多,着意于"虚",在空白处着力,是高于自然的艺术手法。中国绘画以底色素白为本,重留白,笔简形具,意境空灵。传统绘画并未如实地描摹自然,它重全局观念,删繁就简,弱化背景,读取主体突出的特性进行着墨,使艺术形象具有概括性。顾恺之的代表作,如《女史箴图卷》《洛神赋图卷》,都是以大面积留白作为背景,点缀稍许山水。

"从有笔墨处求法度,从无笔墨处求神理。"留白是为了"多",为了"有",它能够给人以无尽的想象,使欣赏者得以通过想象力去补充丰富它,从而达到"此处无声胜有声"的境界。"画中之白,即画中之画,亦即画外之画也。"[①]作为中国画特有的美学价值,留白使国画超越了单纯复制模仿自然的层面,上升为一种美学境界。绘画中的虚实、黑白、疏密、刚柔、轻重、浓淡、近远……无不体现着阴阳互补的美学思想。齐白石画虾,背景不作任何渲染,全是空白,可是人们通过画中鱼虾自由欢快游动的姿态,觉得满幅画皆是清澈的流水。可见,"无"或者"虚"并非没有,也非不存在,而是一种看不见的实在,犹如太极图一般,黑白交融,相辅相成。

---

① 潘运告:《清代画论》,云告译注,湖南美术出版社 2003 年版,第 341 页。

留白也称为"余玉"，是说画中之白如同玉石一般珍贵，如玉一般清明澄澈，象征着空灵之美，给人以无限的遐想空间。① 西晋的陆机在《文赋》中首先把虚实引入审美理论，提出"课虚无以责有，叩寂寞而求音"。② 中国画讲究"藏实露虚"，即通过藏形成蓄势，借云藏山，借树藏水。藏得巧妙，可以引发观众无限遐想，思绪超越画作本身。例如，用空白表现如空气、白云、流水等流动或不可捉摸的物象。虚化使画面具有朦胧感，是不确定与确定的统一，使人们审美意识得到更好的发挥和满足，也为想象力提供广阔空间。似是而非，似有非有，笔虽未到，意却已到，虚无的事物画不明看不清，却也能联想到。《清明上河图》中有一部分，骆驼从城门款款而出，看到几只骆驼，给人后面跟着一串骆驼队的印象。

其次，除了能够极大地丰富和发挥观众的想象力，留白还可以使画面"气韵生动"。"古人通常所说的不求形似，以全气韵，乃是将无关上述的要地加以简略，而将精力全集注于要地，因而使其能特别凸显出来。这一意义，山水画中也是一样的。"③国画使用留白，将描绘出的生命呈现在一片虚白的底色之上，从而保证了画面主体的突出集中，造就了中国画独有的空灵的艺术境界。空白并不是孤立存在的，也不是毫无含义的，而是与着墨处相呼应、相对照，构成一个有情有趣、生机勃勃的艺术整体。有画部分是"实境"，传达的信息是有限的，而留白处营造出"虚境"，是画作的无言之笔。"实处之妙皆因虚处而生"，空白使画面明暗确切、流畅，更有生气。图画在黑白明暗交替中给人悦目的光感，无须受自然光的羁绊，强化了作品的韵律感。这种在画中的"白"正是庄子的"虚无"观。清恽格《南田画跋》曾说，"古人用心，在无笔墨处"，"气韵自然，虚实相生"，"用笔时须笔笔虚。虚则意灵，灵则无些滞迹。不滞则神气浑然——夫笔尽而意无穷，虚之谓也"。留白为壅塞淤滞的画面顺络通气，使人为之一振，气韵随之而生。正因为中国画恰如其分地于"留白"处取势，才使画作达到气韵生动的境界，表达难

---

① 熊同威：《亦实亦虚：写意山水画中的"留白"》，《美与时代》（美术学刊）2016 年第 11 期，第 38—39 页。

② 王振复：《中国美学重要文本提要》，四川人民出版社 2003 年版，第 193 页。

③ 徐复观：《中国艺术精神》，春风文艺出版社 1987 年版，第 158 页。

以言传的高妙。

此外,"留白"使中国画产生令人神往的意境,将实境中有限的事物引向无限的心境,将"可见之象"引入"象外之境"。宗白华曾说:"意境是一切艺术中心的中心。"所谓意境,"就是客观的自然景象和主观的生命情调的交融渗化"。大面积使用留白,使画面产生神怡、缥缈之感。这种意境使人的思维驰骋,从而进入"忘我""无我"的心境之中。例如,南宋马远的《寒山独钓图》,运用了大量的空白作为背景,中间是一叶小舟,一个老翁在俯身垂钓,近处是一线沙岸和少许山岭。整幅画中没有用一丝笔墨描绘水,却让人感到烟波浩渺,水天一色,给人以萧瑟孤寂之感。寥寥数笔表现出极强的空间感,营造出虚实相生的空灵境界,更能突出画面传达的辽阔深远的意境和诗情,是画家心灵与自然相结合的产物。

中国画重视留白,留白所表现出的虚实结合的思想,正是中国艺术的独特之处。宗白华在《艺境》里提出:以虚带实,以实带虚,虚中有实,虚实结合,是中国美学思想中的核心问题。从用笔和构图方面看,中国画以线条为主,笔与笔之间形成空隙和笔痕,在构图上则虚实相生。"实"是指用墨密、繁,笔触多;"虚"则是用笔疏、简,空白多。疏处的大面积空白和密处两笔之间挤出的斑驳空隙,都是可以使画面通透的重要留白。"疏可跑马,密不透风"说的也是笔墨痕迹在画面中给人的视觉感受,也是山水画布局的普遍写照。"疏可跑马"是在留白处着手,使疏处更疏,造成缥缈含蓄的灵动之感;而"密不透风"则从着墨处做文章,使密处更密,造成丰富的层次感与厚实感。若构图满盈,四框皆壁,用墨布满画面,密不透风,则会带给人紧张压抑之感,无法体现那种惬意、清净、空灵的心境。宗白华先生将之比作交响乐。好的交响乐强调节奏感和韵律感,高低音相互呼应,快与慢交相出现。画作构图亦是如此,需讲究黑白呼应,虚实相生。南宋郑思尚的《墨兰图》,画中的兰草叶,三笔中一笔远、两笔近。如此构图显得主次分明,避免了过分均匀的庸俗,又不致使画面太过充塞或松散空薄。留白是形象的组成部分,也是形象的延续,正所谓:"留白,非空纸,留白即是画也。"留白与画中用墨处相辅相成,虚实相生。只有对画面精心布局、有所取舍、把握虚实,才能营造出恰到好处的留白。

留白虽然无笔无墨，却是中国绘画艺术不可或缺的表现语言。中国画的创作只有重视留白艺术的运用，方能丰富情感、升华意境、流露神韵。中国绘画的留白艺术，将"无声胜有声""天地有大美而不言"展现到了极致。

参考文献

[1] 宗白华.宗白华全集[M].合肥：安徽教育出版社，2008.

[2] 潘运告.宋人画论[M].熊志庭，刘城淮，金五德，译注.长沙：湖南美术出版社，2000.

[3] 陈鼓应，蒋丽梅.中信国学大典：老子[M].北京：中信出版社，2017.

[4] 陈耀南.中信国学大典：庄子[M].北京：中信出版社，2017.

[5] 潘运告.清代画论[M].云告，译注.长沙：湖南美术出版社，2003.

[6] 熊同威.亦实亦虚：写意山水画中的"留白"[J].美与时代（美术学刊），2016(11).

[7] 王振复.中国美学重要文本提要[M].成都：四川人民出版社，2003.

[8] 徐复观.中国艺术精神[M].沈阳：春风文艺出版社，1987.

[9] 刘子琪.南田画跋今注今译[M].杭州：浙江人民出版社，2017.

[10] 宗白华.艺境[M].北京：商务印书局，2011.

试论美国电影中平民英雄的品格类型

杨如毅

摘　要　美国电影中的英雄形象研究,一直以来是众多研究的热点,但是研究的方向单一,学者多从漫威英雄电影方面入手,鲜有对平民英雄形象的关注。本文试图创新研究视角,从品格特征方面对美国电影中出现的平民英雄形象进行简单的分类与梳理。

关键词　美国电影;平民英雄;品格特征

"英雄"作为人类理想的化身,一贯备受推崇,因此成为许多艺术中一以贯之的主题,涉及小说、漫画、诗歌、戏曲和影视等领域。美国是一个极度崇尚"英雄"的国家,好莱坞电影产业也被称为银幕英雄的摇篮,其打造的超级英雄系列电影都大获成功。然而,美国银幕上不仅有这些拥有超级能力的英雄形象,许多出身平凡却拥有值得令人敬佩的品格的平民英雄形象更深入人心,激励着一代又一代的观众。本文所述的"平民英雄"是指电影中反映美国主流文化价值观的正面人物形象。与美国漫威电影中的超级英雄不同,"平民英雄"出身普通,不具有超能力来拯救世界,但却依靠自己珍贵的精神品格成功改变了自己的人生,同时影响甚至拯救了身边的个人或者群体。"平民英雄"是指品格上的英雄,而不是能力上的英雄。其品格类型主要分为以下几类:不懈奋斗型、崇尚自由型、追求平等型、捍卫正义型、尊重生命型。笔者就这几点在下文具体举例论述。

一、不懈奋斗型

阿甘可以说是执着精神的代表人物。《阿甘正传》于 1994 年在美国上映,盛况空前,被誉为"一则成功而及时的美国神话,一部穿越了历史的人生寓言"①。在影片中,阿甘的智力只有 75,当地的正规学校不愿意接受这样的学生。校长建议阿甘的母亲送孩子去特殊学校。可以说,除了母亲的信任和信心外,阿甘几乎没有得到社会的其他认可和接纳。但就是这样一个在大众观念里的"弱者",他坚持着他的信念,勇敢地"跑"下去,最终取得了成功。阿甘的成功虽然看起来有很多偶然因素,但至关重要的是他那种坚韧不拔的奋斗精神。小时候,由于被同学追着欺负,阿甘不得不跑着躲避,而就在那时奇迹发生了:他摆脱了所谓的魔术鞋的束缚,跑得像风一样快。后来,他跑进了州橄榄球队,跑进了大学,跑进了白宫,跑进了战场救人,最终跑出了属于他自己的传奇。阿甘自己说过:"如果我要去哪里,我就跑着去。"阿甘的跑其实代表了他的一种生活态度,那就是坚定信念,不轻言放弃。他的这种态度也可以从他做的其他事情中体现出来,比如一心一意、坚持不懈地练乒乓球,最终加入了全美乒乓球队,并代表美国与中国进行"乒乓外交"。又如坚守着对朋友巴布的承诺,阿甘用做广告的钱买了一艘捕虾船。尽管一次次撒网一次次空手而归,但是他从未想过放弃,还是一次次出港。最后阿甘捕虾取得巨大成功,荣登财富富豪榜。

　　如果说阿甘的成功或多或少让人感觉有些幸运因素的存在,那么影片《风雨哈佛路》中的莉斯最终能成功,则完全是靠她个人坚持不懈的努力。《风雨哈佛路》描写了一位生长在纽约的女孩莉斯,经历各种不幸后,不断努力,最终走进了梦想中的学府。简单的故事情节告诉观众,只要怀有坚定的信念和顽强的毅力,任何人都可以通过自己的努力去改写人生。影片中的莉斯出生在纽约的贫民窟,父母吸毒,8 岁开始乞讨,在学校的莉斯头上长满虱子,衣着肮脏,受尽了同学的耻笑。15 岁时,母亲死于艾滋,父亲进入收容所,年幼的莉斯不得不担负起家庭的重担,尽管她很努力,最终还是流落街头,过着捡垃圾偷东西的日子,地铁就是她的栖身之所。母亲的死让莉斯意识到,如果继续下去她将会重复母亲的结局;为了改变自己的命运,她决定换一种生活方式。她找了一份洗盘子的工作,并利用工作之余学习,

　　① 吴迎盈:《世界影视博览》,汉语大词典出版社 2005 年版,第 281 页。

短短两年时间她学完了高中四年的课程,并且每科成绩都是 A 以上。作为奖励,她获得了《纽约时报》12000 美元的一等奖学金,梦寐以求的哈佛大学向她张开了双臂。她凭借对信念的执着追求,成功改变了自己的生活困境。

与此相似的还有一部电影《叫我第一名》。由于受妥瑞氏症的困扰,布莱德在课堂和音乐会上会发出怪叫,但是麦尔校长的理解和帮助深深感动了他。于是他决定像校长那样当一名不放弃任何一个学生的好老师。从此,为了实现这个梦想,他发愤努力,最终以优等成绩从大学毕业。然而,新的问题又接踵而来,他几乎跑遍了所有学校,但是由于他的妥瑞氏症,没有学校愿意聘用他。一次次的满怀希望,却只换来一次次的失望。在经历了 24 次面试失败的挫折后,他依旧没有放弃,终于在第 25 次面试时,成功打动了山景小学的校长,实现了自己的梦想。

这些电影人物的成长经历都向观众传递着美国的核心价值观——每个人都可以通过坚持不懈的个人奋斗成为英雄。而这背后也隐藏着不易发觉却不容忽视的根本原因,即美国文化。以《阿甘正传》为例:美国文化的主要内容是强调个人价值,追求民主自由,崇尚开拓和竞争,讲求理性和实用。其核心是个人至上、私欲至上、追求个人利益和个人享受的个人中心主义,强调通过个人奋斗、个人自我设计,追求个人价值的最终实现。这种刻意塑造自我、追求个性化的个人主义有其积极的一面,也有其消极的一面。它调动了个人的积极性,使许多人的智慧和潜力得以充分发挥,从而促进整个民族与国家的振兴和发展。然而,人人以我为中心,人际关系就难以融洽,整个社会也会缺乏凝聚力。于是,阿甘这个"温情"形象便应运而生。他并没有要干一番大事业的"野心",只是凡事都凭一种淳朴而又认真的天性而为。他对朋友尽心尽力,对爱人忠贞不渝。这种性格也许正是美国当代所缺乏而又提倡的吧。影片能够牵动观众心的是以阿甘为代表的美国主流意识,是人类社会始终追求的诚实善良和坚韧不拔的平民英雄身上体现出来的奋斗精神。从这个普通平凡的生命所经历的不平凡的人身上,人们看到了阿甘身上有着美国人性格中的全部美德——诚实、勇敢、忠诚。

二、崇尚自由型

美利坚民族是一个酷爱自由的民族，自由是其民族生命特质中最为浓重、最具特色的要素。脍炙人口的电影数不胜数，但最具有代表性的作品莫过于《肖申克的救赎》。影片讲述了银行家安迪得知自己妻子背叛自己秘密幽会情人后，愤怒之下几欲将其置于死地，最后克制住了自己的恶念。然而，第二天妻子与其情人却意外身亡，安迪被视为头号嫌疑人而被送上法庭，律师却因没有充分证据而放弃上诉，致使陪审团和法官误判此案，安迪也因此身陷囹圄。在肖申克监狱的日子里，安迪用一技之长帮助典狱长逃税从而获取其信任；利用一把鹰嘴锄，在一张丽塔·海华丝巨幅电影海报的掩护下，经过长达20年的坚持，掘通了通向自由的隧道，逃离了令人窒息的肖申克监狱。

影片中的几处细节十分耐人寻味。一次偶然的机会，安迪和瑞德等一行人被选中去车厂修补房顶。在屋顶涂抹沥青时，安迪得知狱警长哈雷有关遗产继承的烦恼，他贸然提出要帮其解决问题。被问及有何意图时，他回答道："如果还算公平的话，我只要求给我的同事每人三瓶啤酒。"另一名狱警大笑着说："同事？你很牛哇，还同事。"他无视嘲弄，继续说道："我想在户外干活，要是有啤酒的话，感觉就会像个正常人，这就是我的想法。"狱警应允了。所谓救赎，就是指用行动给予帮助使其摆脱危险或解决困难。安迪争取到的不只是每人三瓶啤酒的惬意舒适，更为重要的是狱友们阔别已久的作为正常人的感觉。安迪称呼狱友们为"同事"，让他的"同事们"像个正常人一样享受着修葺自己屋顶的闲适，对狱友们的普遍诉求给予了正确的引导，既是自我救赎又是救赎他人，众人也第一次感觉到了他的英雄本色。

另外，安迪在影片中的三次微笑值得深究。第一次微笑出现在车厂房屋屋顶修葺事件使众囚犯第一次对安迪另眼相待之时。当狱友弗洛伊德拿着啤酒走向安迪时，安迪说他戒酒了，只身坐在屋顶边缘，望着天空，脸上露出了耐人寻味的微笑。这是安迪入狱的第二年，逐渐适应监狱生活的他除了坦然接受也渐渐萌生了对自由的渴望，像正常人一样在五月的清晨喝着啤酒修葺屋顶是他能给予自己和狱友们的片刻的自由。第二次微笑出现于组建监狱图书馆时,发现《费加罗的婚礼》并私自播放。安迪将狱警反锁在厕所,打开扬声器,接通电源,音乐随之缓缓流出。安迪闭眼躺在椅子上,面带微笑。久违的音乐穿透内心,呼唤着他心中对自由最真切的向往。第三次微笑是在安迪越狱之后,瓢泼的大雨将满身的污秽冲洗干净,他赤裸着上身对着天空放声大笑。这是整部电影里安迪情绪最为激动的一个场景,被禁锢了19年的灵魂终于得以释放。正如他言:"希望是美好的,也许是世间至善,而美好的事物永不消逝。"长达19年的隐忍换回了自由之身,也还清了对妻子的亏欠,这就是英雄的魅力,在沉默中爆发,留给世人一个遥不可及的背影。安迪的越狱打破了肖申克监狱原有的秩序,使得自由之光照进了暗无天日的肖申克监狱,囚徒们不再对未来迷茫,也就像瑞德所说:"安迪代表了我内心深处他们永远也封锁不住的那个部分,当监狱大门最终为我开启,我身着廉价西装,带着20块钱走出监狱大门时,会感到欢欣鼓舞的那个部分。"

自由不仅仅是个人所追逐的,更是民族所渴求的。电影《勇敢的心》的叙事主线是苏格兰人民的抗敌斗争,副线则是华莱士与梅伦和伊莎贝尔两名女性的爱情故事。不论主副线,其表现主题都是守护自由:一是守护国家自由;二是守护个人自由。其价值观也是立足于个人主义和英雄主义的基石上,并与人权、民主、自由有机地衔接起来,赋予这一历史人物以超时代的意义。在斯特林战役击败英军后,华莱士与苏格兰贵族罗伯特的对话更进一步体现了其坚持不懈追求自由的信念:"人民已经认识了你,贵族和民众都尊重你,现在你应该领导他们奔向自由!他们会追随你的,我也会!"直至最后受刑时,华莱士口中喊出的不是统治者所要求的"宽恕",而是一句震人心魄的"自由"。华莱士从暴民到英雄的演变,是历史最为客观的反映,也是西方人内心自由观念的表达。

三、追求平等型

正因众所周知这个世界充满了不平等,所以勇于追求平等、对歧视说"不"的精神才显得那么可贵。

《杀死一只知更鸟》开创了好莱坞电影中"律政英雄"的传统,它是美国作家哈珀·李于1960年发表的小说,荣获1961年普利策奖。这部书位列"一百本最受美国孩子喜欢的书"之一,是美国图书馆员评选的20世纪小说清单上的第一名,于1962年被拍摄成同名电影,并荣获三项奥斯卡奖。作为一部黑白片,这部电影至今仍然是众多影迷心中的最爱。

故事背景是20世纪30年代美国中期的大萧条阶段。影片中,阿蒂克斯·芬奇是美国南部亚拉巴马州梅岗镇一名受过高等教育的律师,出身中产世家,妻子已去世,他在黑人女佣卡布妮亚的帮助下,照料着一双儿女:杰姆和斯科特。芬奇沉稳睿智,幽默风趣,为人正直,充满道义感,经常不计报酬地为穷人主张权利伸张正义。坚定的平等信念,更使他成为小镇上为数不多的反对种族歧视者,并且不计个人安危地坚持并致力于种族平等。在黑人汤姆·鲁滨逊被指控强奸了一名白人女子后,芬奇受地方法院委托,出任汤姆的辩护律师。故事便从这里展开。很多人还记得芬奇面向陪审团的陈词:"在我们的国家,法庭是最重要的天平。在法庭上,所有的人都生而平等。"正是基于对正义与平等的信仰,芬奇与落后的力量进行对抗、交锋。他轻而易举地揭穿了证人的谎言,有条不紊地陈述辩词,铿锵有力的语调,掷地有声的言语,让我们看到了他的英雄风采。当所有指控的犯罪被一一驳倒,当所有的疑点被一一排除,他要求判处汤姆无罪,并义正词严地呼吁人们尊重事实,维护人类的尊严与平等。但最终由白人组成的陪审团仍然认定汤姆有罪,法官气得摔门而去。最后,汤姆被判有罪,他对上诉绝望,逃跑时被射杀。虽然芬奇最终未能拯救无辜者,但在种族歧视十分普遍和严重的年代,他的举动无疑有着英雄般的光辉,他的浩然正气为有良知的人们提供了榜样。在判决被告有罪后,坐在法庭二楼的黑人们全体起立,目送芬奇离开。一位老人对芬奇的孩子们说:"你们的父亲是最棒的。"

在美国南方有一句俗语:杀死知更鸟是一种罪恶。影片中的"知更鸟"是作为律师的阿蒂克斯·芬奇在对儿女们的一次谈话中引出的:打猎时,千万别射杀给我们用心歌唱的知更鸟。在电影里,"知更鸟"具有了更深层次的含义,它象征着那些被邪恶力量威胁的善良人性。放在历史背景下,电影受到推崇很大程度上是因为彼时的社会环境。派克所扮演的芬奇律师对 20 世纪 60 年代的美国黑人运动起到了非常大的正面影响。影片的扮演者格利高里·派克在《杀死一只知更鸟》剧本后面曾写下了这样几个词:公正、勇气、执着、爱。这几个词所代表的,正是我们文明社会所推崇的,更是每个人所努力追求的,我想这也是影片主人公被评为第一银幕英雄的原因。

与之类似的还有影片《隐藏人物》。该片讲述了 20 世纪 60 年代,三个才华出众的黑人女性在美国航天局工作,她们勇敢地与种族偏见做斗争,最终战胜了不平等,在美国航天计划中占有了一席之地的故事。电影充斥着各种歧视,不平等被表现得如此直接,十分具有冲击力。首先是种族歧视。凯瑟琳想要上厕所必须得跑到半英里之外的西校区有色人种厕所,因为除了西校区,美国航天局里的其他建筑都只有"白人专用厕所";凯瑟琳第一天在办公室喝咖啡时,与白人同事们共用了办公室唯一一台咖啡机,所有人对她投以不可置信的目光,第二天,白人同事们就买了一个小咖啡壶,贴上"COLORED"的标签单独放在一旁;去图书馆借书时,多罗西被要求必须去有色人种借书区;在西校区,多罗西做着主管的事,却不能得到相应的头衔和报酬;申请工程师训练计划时,玛丽拥有和所有工程师一样的数学和物理科学学士学位,但这还不够,她被要求必须额外得到更高级的课程拓展,但能上课的那所学校是个白人学校,黑人不能参加。此类情节不胜枚举,除了种族歧视之外,影片中也充满了性别歧视。凯瑟琳亲手做的计算机简报,却不能署上自己的名字;想去参加简报会议,凯瑟琳却因为"没有女性能参与简报"的规定而被拒之门外;玛丽通过努力向法官争取,终于获得了在那所学校上夜校的资格,但上课的学员全是男性。

在种族与性别的双重歧视下,三位黑人女性身上重压之大可想而知。可她们以自强不息的精神,隐忍地生存了下来,更是优雅地生活了下来。多罗西带着两个孩子借书时,被白人图书管理员讽刺,被保安驱赶,而她义正词严,没有一点儿无理取闹的撒泼。她挺直着腰板,一身板正的套装,优雅而又有气魄地捍卫自己应当享有的权利。影片中不仅仅只有黑人追求平等,老板哈里森的改变更是让人感动。哈里森一开始并不看好凯瑟琳这个黑人女性,但在工作过程中逐渐认可了她卓越的工作能力。在得知凯瑟琳工作和生活中的困扰之后,他挥起榔头狠狠砸掉了厕所的有色人种标志,撕掉了咖啡壶上的标签。这砸掉的、撕掉的不仅仅是一个标志、一个标签,更是所有白人心里的种族歧视。每一个追求和捍卫平等的人都是英雄。

四、捍卫正义型

公平,是每一个人所渴求的理想状态。特别是当你的权利甚至是生命掌握在别人的审判之下时,审判者保持一颗捍卫正义之心就显得尤为重要了。《十二怒汉》是一部非常经典的电影,影片描述一名纽约青年被控杀父,将被判处一级谋杀的死刑。已经有十一名陪审员裁定疑犯有罪,只有一位陪审员觉得事态可疑,坚持己见提出异议,并且凭耐心与毅力逐一说服其他陪审员推翻原意,终于为这一宗几乎已成冤案的判决平反。在这由十二人组成的陪审团中,有两类人:一类人抱着事不关己高高挂起的态度。这些人,也许直到会议室门锁上后都没有意识到他们肩上所承担的是怎样一个重任,有些人是第一次成为陪审员,他们甚至对陪审的流程都不清楚,那些有过多次陪审经验的,反而"差点要睡着了",有些人甚至只是觉得"有趣",绝大部分人表现得与己无关,他们更关心的是天气、球队、股票。可是也有人时刻提醒自己,一个男孩的生命攥在自己手里,稍不留神他刚刚开始的人生就结束了。这个人就是八号陪审员——建筑师。在十一名都投了同意票的情况下,他毫不动摇地对案件提出疑问。正是这份思考与执着之心,在第二轮投票中,那位之前本就有些犹豫的老人家毅然支持了建筑师,亦是他的支持使得局面开始扭转,最终小小的质疑逐渐被讨论扩大,最终让越来越多的陪审员倾向于认为男孩儿无罪。余下的陪审员逐个被他说服,从最开始的十一人认为那个男孩有罪到最后十二人都投了无罪票。电影仅仅通过描绘十二位陪审员一次又一次的表达,表现出了不同的人性。一类人是惯常的、人云亦云地相信证人,而另一类人则是不断地质询,甚至要质询在法庭上向上帝发誓的证人。只有在不断地质询之中,才会离真相越来越近。我们知道我们永远也不能达到完全公正,但是在八号陪审员的坚持下,我们至少能无限地趋于公平。

曾经认为正义就是让好人有好的结果,坏人得到应有的惩罚;却没有想到在既没有鹰,也没有正义女神的现实中,孰好孰坏的真相并不能够简单取得。更何况在善与恶之间,有一万个灰色地带。每个人会受到文化和环境的熏陶,从而形成自己的价值取向与偏见。因此一个人即使有判断正义与否的权利,也不能轻易给出判断的。电影把程序正义放在比事实正义更高的位置上,在"不错杀一个"和"不放过一个"中选择了前者,让八号陪审员化身捍卫正义的英雄,彰显了正义的温情和力量。

五、尊重生命型

《拯救大兵瑞恩》以 50 多年前的诺曼底登陆为叙事背景,讲述了一个感人至深的故事。为了报效祖国,瑞恩家的四个儿子都成为前线战士中的一员,在战争中两周内有三个儿子为国牺牲,而最后的一个小儿子詹姆斯·瑞恩也在战斗中与组织失去了联系,生死未卜。尽管瑞恩是 101 空降师中一个小小的二等兵,但此时此刻美国陆军参谋长马歇尔下达了一个令所有人都震惊的命令,那就是要不惜一切代价找到瑞恩,把他拯救出来,保住瑞恩家中仅剩的小儿子瑞恩这棵独苗。于是,前线立即组织了一个小分队,共八人,冒着枪林弹雨去搜救瑞恩。最终以微小的代价找到了瑞恩,并将其转移到后方的安全区。

在战场上,以最小的代价获取最大的胜利是评判战争任务是否成功完成的标准,以最少的牺牲来拯救最多的人,这是战场的原则,所以当小分队获知他们要去完成拯救瑞恩的任务时,认为这个命令非常荒谬,他们难以理解组织下达这个命令的意义何在,因为这个命令完全与战场上的原则相违背,这个代价是用八个人的生命来换取一个二等兵的生命。可是,当明白了拯救瑞恩的意义之后,队员们的思想发生了极大的转变,那时的他们对生命、对人性有了更深层次的认识。拯救瑞恩的任务却与真实的战场不同,它是对个体生命的珍惜与尊重,这是一种特殊的任务,因而被赋予了特殊的意义。此时早已超越了对任务的执行,而是人性善良的自然流露,是美国人民对生命价值观的传递。

导演斯皮尔伯格是以普通人的情感与思想来塑造人物形象的。在惨烈的战争面前，每个人都充满了对生命的渴求，影片所要表达的深层含义就是对生命意义与价值的沉思，对善良人性的称赞。影片通过拯救个体生命来传达该片的主旨与叙事内涵，从而折射出影片的深层寓意，为了拯救一个二等兵，美国军官以付出更大的生命代价来做交换，这似乎与美国的主体意识相反，但却传达了美利坚民族独特的文化理念。

同样地，电影《辛德勒的名单》讲述的是第二次世界大战期间，德国企业家辛德勒作为一名纳粹党员，倾尽其所有财产保护一千多名犹太人免遭法西斯杀害的真实的历史事件。影片不仅真实再现了犹太人遭到德国纳粹军官残酷迫害的过程，揭露了德国纳粹的恐怖罪行，而且也展现了辛德勒这个利用战争大发横财的纳粹党员一步步转变内心，最终成为一个不惜一切代价拯救犹太人的英雄的过程。在影片中，辛德勒的工厂成为许多犹太人避难的场所，辛德勒在自己的工厂中尽最大的努力保护着犹太人。这与影片一开始塑造的形象不同，辛德勒的经典台词也反映出导演对生命的思考，他说："权力，是当你有足够理由去杀人时，你却没有杀。"从这句台词中，我们可以感受到导演所表达的对生命的尊重。而之后辛德勒冒着生命危险，为犹太人提供了一份得以保命的名单，是让观众最为感动的情节。辛德勒作为纳粹党人，完全没有必要牺牲如此之多而保全这些犹太人，他这么做无关利益，只是出于对生命的尊重，为了拯救更多生命他甚至不顾自己的退路，这也使得辛德勒成为电影中犹太人心中的英雄，同时也成为观众心中的英雄。随着轴心国的瓦解，第二次世界大战结束了，辛德勒保护的犹太人最终活了下来，而辛德勒却贫困潦倒。但是这种尊重生命的行为感动了观众，也让这些犹太人铭记。影片最终在犹太人的缅怀中结束，电影虽然结束了，但是电影带给人们的思考并没有结束。影片不仅揭露了纳粹在"二战"中犯下的罪行，反映了战争的可怕；最重要的是在这样的战争中，依然有人会对生命表示尊重，让观众感受到人性美好的一面，这种美好得到了长久的保留。

六、结　语

正如苏格兰历史学家托马斯·卡莱尔(1795—1881)所说:"英雄崇拜从没有死,并且也不可能死。"①美国电影塑造的这一个个平民英雄形象,不再"高、大、全",也不再有动辄拯救天下的高姿态,他们以平凡人的面孔出现,有平凡人的喜怒哀乐和人性弱点。他们给世界观众留下了深刻印象,将其英雄人物品格清晰地呈现在世人面前,对我国的电影事业发展具有重要借鉴意义。

参考文献

[1] 约翰·贝尔顿.美国电影美国文化[M].上海:上海人民出版社,2010.

[2] 胡克,游飞.美国电影分析[M].北京:中国广播电视出版社,2009.

[3] 顾悦.美国电影概览[M].南京:东南大学出版社,2011.

[4] 肖伊谷."英雄主义"视角下中美电影的比较分析[J].喜剧之家,2016(07).

[5] 齐瑾.美国电影中超级平民英雄诞生的基础[J].安徽文学,2008(10).

[6] 何宝庆.中美动作类电影英雄形象比较研究[D].上海:上海体育学院,2013.

[7] 董伟.主旋律电影散论[D].重庆:西南大学,2010.

[8] 李弋菲.中西方英雄主义的对比分析[D].开封:河南大学,2015.

[9] 姬相轩.中国新时期银幕英雄形象流变研究[D].曲阜:曲阜师范大学,2009.

[10] 石川.让英雄走近普通人[J].大众电影,2003(06).

[11] 卢灶荣,王秀.中美影视中的英雄主义比较[J].四川教育学院学报,2006(02).

---

① 托马斯·卡莱尔:《英雄和英雄崇拜——卡莱尔讲演集》,何欣译,上海三联书店1998年版,第405页。

《婚礼的成员》中的"葡萄架"意象

曹　慧

摘　要　《婚礼的成员》是卡森·麦卡勒斯创作的一部以青少年成长为主题的长篇小说。在小说中,多次出现"葡萄架"这一意象,"葡萄架"不仅仅是家园的象征,同时也是生命春华秋实的象征。麦卡勒斯通过描绘弗兰淇的成长经历来展示人类从儿童世界跨入成人世界的心理变化,探讨人类之间具有的共通的人性:渴望爱与理解,向往解放和自由。

关键词　《婚礼的成员》;"葡萄架"意象;家园;生命

《婚礼的成员》是卡森·麦卡勒斯的代表作之一,是一部典型的"成长小说"。在《婚礼的成员》中,麦卡勒斯综合运用了空间的转移、时间的流逝以及环境的变化来表现人物内心的成长。小说的时间主要集中于弗兰淇前去参加哥哥婚礼的前三天,涉及的主要地点有弗兰淇家的厨房、后院,弗兰淇的房间及小镇的主街道和蓝月亮旅馆。在小说中,"葡萄架"这一意象先后出现十次之多,并且每一次的象征意义都随着弗兰淇所处的成长阶段的变化而发生相应的变化。不同情境下"葡萄架"的不同象征意义也使得弗兰淇内心的世界更加丰富多彩,成长的轨迹更加深刻。

一、家园中的"葡萄架"

在文学史上,"葡萄园"作为"家园"的象征频繁地在文学作品中出现。《圣经》的很多章节中反复出现"葡萄园"这一意象。在《旧约·创世纪》中说:"人类在经历过大洪水之后,挪亚做起农夫来,栽了一个葡萄园。"①"葡萄园"里有可以供人果腹的葡萄,并且经过加工后,葡萄也可以酿成葡萄酒,供人饮用。吃和喝是人类最基本的生活需求,所以《圣经》里的"葡萄园"具有家园的意味。在《婚礼的成员》中出现的"葡萄架",从地理位置来看位于弗兰淇家后院厨房的旁边,厨房是满足人类吃和喝这些基本生活需求的场所,同时也是家庭的象征。由此可以看出,小说中的"葡萄架"与《圣经》中的"葡萄园"之间具有隐蔽的联系,"葡萄架"在某种程度上具备了"葡萄园"所具有的家园意识。"弗兰淇在八月这个夏天以来,总是在厨房里闲待着,直到弗兰淇哥哥和嫂子回来前的那个下午。当其他十二岁的人还能在葡萄架下面走来走去,做游戏,玩得很高兴时,弗兰淇因为身体太高,已经不能像往常那样钻进葡萄架下面走来走去,她不得不像大人一样,只能在棚架外面溜达,采摘长在边缘的葡萄。"②

奥地利病理心理学家 Mahler 认为,当婴儿与母亲建立起亲密的联系之后,会逐渐产生分离感。分离感一般包括以下几个阶段:分化、实践、和解、个体化巩固和客体永久性。个体心理学家 Blos 在 Mahler 有关"分离—个体化"的客体关系理论基础上将青少年时期视为第二个个体化的阶段(the second individuation),也就是青少年必须把自己的内化与父母分离,摆脱对父母的情感依赖;同时,他还区分了童年期分化经验和青少年期分化经验,认为心理分离成功与否可以决定个体成年时人格关系和社会关系的健康与否。弗兰淇就正处于想要将自己的内化与父母分离并且摆脱对其依赖的阶段,在现实中的具体表现就是想要逃离自己的小镇。

当以"葡萄架"为象征的家园难以像往常一样接纳和庇护弗兰淇的时候,她的内心开始感到了害怕,这也就是她自我分化感开始加强的过程。"她看着纠结的藤蔓,空气里有烂葡萄和尘土的气味。站在葡萄架边,暮色重重涌来,弗兰淇心中感到害怕。她不知道怕的是什么,但就是害怕。"③"纠结的藤蔓""烂葡萄""尘土的气味"及"重重的暮色"都加重了弗兰淇内心的焦虑和纠结。弗兰淇这时候感觉到自己内心深处对

---

① 《圣经·创世纪》,中国基督教协会 1995 年版,第 14 页。
②③ 卡森·麦卡勒斯:《婚礼的成员》,周玉军译,上海三联书店 2005 年版,第 8 页。

不确定的未来的担忧和迷茫,当她不再被传统家园所容纳,她该何去何从？家园中"葡萄架"对她的拒绝正是迫使她开始成长的重要一步,因为她不再像往常一样被接受,开始被迫成长去面对更加广阔和全新的世界。

当弗兰淇内心出走欲望逐渐增长的时候,"葡萄架"的存在也发生了相应的变化。在弗兰淇见过回家后的哥哥和新娘,并且收到来自哥哥的布娃娃礼物时的那个下午,"后院葡萄架的影子已经浓得化不开。一切凝滞不动。远处的某个地方传来口哨声,是一支唱不完的忧伤的八月之歌。每一分钟都很漫长"①。"化不开的葡萄架的影子"预示着弗兰淇在见过哥哥和新娘之后,内心深处想要出走的欲望已经越来越浓烈,出走的力量越来越强烈。弗兰淇之所以想要出走,有两个极其重要的原因,一方面是因为青春期给了她想要探求外部世界的张力,她想要去世界上其他地方看雪,体验不一样的生活;另一方面,是因为她对于自身身体太高而产生的"怪物感"的焦虑使得她迫切想要逃离,逃离到另一个全新的世界。两个原因相辅相成,使得出走的欲望不断地在她体内聚集。小说第一部分中"葡萄架"这一意象出现的频率是最多的,第一部分最后一次出现"葡萄架"的场景预示着她出走的欲望已经达到顶峰。

当想要逃离却被限制,想要探寻两性关系却没有引路人时,弗兰淇的成长受到了深深的阻碍。"在参加哥哥婚礼前的那个星期六的下午,道道阳光落向后院,似乎形成了一间以光束为栅的明亮而奇异的牢房。两棵绿油油的无花果树亭亭如盖,葡萄架迎着阳光,投下浓阴。"②现实世界对于弗兰淇而言就是一座"明亮而奇异的牢房",虽然这个牢房没有限制你的人身自由权,但是却会把你限定在某个地方,就像弗兰淇虽然有行走的自由,但是却被限制在小镇上,这是属于弗兰淇的"牢房"。在弗兰淇与贝丽尼斯的对话中,贝丽尼斯也有提及关于人无处不被限制的概念。在贝丽尼斯看来,她因为自身种族的原因在美国社会处处受限,这是属于她的"牢房"。当逃离不能被实现的时候,人迫切需要在现实中寻求别的寄托。

① 卡森·麦卡勒斯:《婚礼的成员》,周玉军译,上海三联书店 2005 年版,第 18 页。
② 同①,第 82 页。

二、"葡萄架"下的成长困惑

弗兰淇在生理上正处于青春发展期,生理上急骤变化,智力迅速发展,情绪和情感的内容及形式日渐丰富。由于其社会地位的变化,社会活动性增强,弗兰淇对社会生活便显出越来越大的关注度。她开始不再拘泥于儿童时期那种仅仅对自己周围生活中的具体事物的关心,而是开始以极大的兴趣用来观察、思考和批判社会生活中的种种现象和问题。从小说中弗兰淇对战争以及婚礼的关心可以看出她希望从肉眼可见的事物中找到现象的本质,并且形成自己独特的观点。因此,处在成长阶段的弗兰淇对日复一日与贝丽尼斯和小约翰一起吃饭打牌的生活产生无聊感和空虚感是必然的,当对现实生活产生了无聊和空虚,并且难以找到宣泄之口时,"远方"就承载了弗兰淇的全部希望。此外,随着青少年第二性征的出现和性机能的成熟,青少年的性心理发生一定变化。性心理指的是在性生理的基础之上,与性生理特征、性欲望、性行为有关的心灵状态和心理过程,也包括了与异性交往和婚恋的心理状态。处于青春期的弗兰淇最明显的变化就是性意识开始逐渐觉醒并且开始对性有一定的敏感度。这一点在她与士兵的交往、与贝丽尼斯的谈话中都可以窥见一斑。她怀着强烈的好奇心与来自蓝月亮旅馆的士兵一起约会,在约会的过程中慢慢懂得了以前所不知道的来自异性的性欲望的动机。当弗兰淇逐渐开始看清士兵真实的动机时,弗兰淇也完成了自我性意识的觉醒。

"在弗兰淇哥哥和新娘出现之前,弗兰淇还和小约翰一起坐在葡萄架的阴凉里面谈论着圣诞节。"[①]"八月葡萄架的阴凉"给人以舒适的感受,"圣诞节"则是全家团聚的象征。在弗兰淇哥哥和新娘出现之前,弗兰淇还是过着几乎像以前一样一成不变的生活,她和小约翰还有厨娘贝丽尼斯聊着重复的话语,无聊并且心不在焉地打着牌。直到哥哥和新娘的出现突然带给了她新的希望,使得她开始对除了自己生活之外的外部世界有了极大的向往。之前的弗兰淇是坐在葡萄架下讨论圣诞

---

① 卡森·麦卡勒斯:《婚礼的成员》,周玉军译,上海三联书店2005年版,第16页。

节的小女孩，原有的生活被外来的事物打破之后，她想要离开家园，出走到别处的愿望越来越浓烈。"夏天黑夜里的葡萄架凉爽宜人，她依旧还写剧本，虽然她已经高到无法在葡萄架下表演，而且戏服也全不合身了。此外，她写的剧本的所有内容都是一个与现实完全相反的世界，那是一个清凉的，充满雪的未知的远方。"①处于青春期的弗兰淇通过自己所写的剧本来表达自己内心的真实想法，她想要逃离她所处的现实世界，希望能够去一个与现实世界完全相反的地方，能够看到更多未知的东西。当现实和理想发生冲突时，弗兰淇的成长之路就会产生更多的困惑和不解。

无花果树是《圣经》中较早出现的一种植物。在《圣经·创世纪》中，"亚当和夏娃在偷吃禁果之后，他们二人的眼睛就明亮了，才知道自己是赤身裸体，便拿无花果树的叶子，为自己编做裙子"②。"无花果树的叶子"在《圣经》中伴随着禁果以及人类最初的性意识而出现，在某种程度上暗示着人类两性关系的启蒙阶段。麦卡勒斯在描写弗兰淇第一次主动跟贝丽尼斯谈论到爱情这个话题的时候，写到两棵绿油油的无花果树，这两棵无花果树象征着弗兰淇内心最初性意识的觉醒。在弗兰淇"第一次出走"到小镇主街上的时候，她偶然遇到一个红头发的士兵，他象征的是来自未知远方的金钱与情欲的诱惑，他一出场就想用钱买下弗兰淇一直很喜欢的耍猴人的猴子，之后又对弗兰淇有生理上的兴趣，想要将其占为己有。弗兰淇一开始凭借自己以往的经历，看不清猜不透红头发士兵的真实意图，试图在脑海里找出背后的逻辑，但是总是以失败告终。在与红头发士兵见过第一次面之后的那个傍晚，天光里有浅浅的灰色，葡萄架和树慢慢阴沉下来。傍晚的声响里有一种含糊暧昧的光景。③ 那是弗兰淇在"出走"前内心的惶恐和不安。

想要凭借婚礼的力量，最终"出走"的弗兰淇以失败告终。在婚礼上，大家询问她最多的就是她在学校读几年级了，在大人们的眼里她依旧还是个小孩子。她带好了行李箱，准备跟哥哥以及新娘一起离开，但

---

① 卡森·麦卡勒斯：《婚礼的成员》，周玉军译，上海三联书店 2005 年版，第 41 页。
② 《圣经·创世纪》，中国基督教协会 1995 年版，第 5 页。
③ 同①，第 113 页。

是被她父亲和另外某个人合力拉开。第一次真正意义上想要凭借婚礼"出走"的计划以失败告终，于是她开始第二次出走计划，企图凭借一己之力离开小镇去追求梦想。在她蹑手蹑脚准备离家出走时，灯泡前后摆动，投到葡萄架上和黑暗庭院里的金黄色光影也摇摆不定。[①]"摇摆不定"的"金黄色光影"寓意着她"出走"梦想的岌岌可危和她内心及命运的摇摆不定。正是她的第二次"出走"计划，让她感受到了凭借一己之力在世界上闯荡的无助感和孤独感。在黑暗中孤独地行走开始使她怀念有人陪伴的感受，开始害怕孤身一人闯荡世界。当她经历过极度的恐惧，回到蓝月亮旅馆并且见到警察之时，她放弃了之前独自一人"出走"的计划。

三、"葡萄架"背后生命的春华秋实

麦卡勒斯在描写"葡萄架"这一意象时，总是将其与"暮色"及"暗影"联系在一起。古往今来，太阳在天空中的移动暗示着时间的流逝，人们也常常将其与生命和成长联系在一起。"暗影"所指代的是一种投射，一种物体在光的作用下投射到另外一个物体表面的现象。弗兰淇在夏季一个星期四下午的暮色之中开始感到害怕，浓浓的暗影在她的心上投下了浓浓的担忧的影子。在她一步一步自我成长和觉醒的过程之中，以"太阳"为载体的生命本身的时光一直见证着她内心的变化。当她和贝丽尼斯谈论完爱情这个话题时，她陷入了思考之中。"院子里空余一个葡萄架，和一轮旋转的太阳。"[②]此时旋转的太阳就意味着太阳在天空中不断地移动，属于弗兰淇的时光也在眼前不断地流逝。此外，麦卡勒斯还寥寥数笔提到了"葡萄架"下的烂葡萄以及在遭受风霜之后的寥寥几片葡萄树叶子，这两者都属于"葡萄架"下经历过时光摧残的原本是完好无缺的有机生命体。烂葡萄在最初是有生命的葡萄，葡萄树叶子原来也是和葡萄树结合在一起的。不幸的是，它们在经历过时光和外界环境的摧残之后都变了样。小说中饱受大自

---

① 卡森·麦卡勒斯：《婚礼的成员》，周玉军译，上海三联书店2005年版，第154页。
② 同①，第98页。

然摧残的不仅仅是烂葡萄和葡萄树的叶子,还有人类脆弱的生命。弗兰淇的表弟小约翰就是在生命之花还没有完全绽放的时候意外被疾病夺走了生命;贝丽尼斯的第一任丈夫鲁迪也在人生最开心之时突然接到了死神的召唤;查尔斯大叔在生命逐渐自然走到尽头的时候离开了人世间。人的生命就像葡萄树上的葡萄一样,有的人可以幸运地经历发芽、开花和结果;有的人则不那么幸运,可能在发芽、开花和结果的任何一个环节出错,于是生命便走到了尽头。出错的原因多种多样,但是出错的结局都是一样的,那就是失去生命,失去活在这世界的机会。

"暗影"在小说中除了表示物体投射现象之外,还暗示了弗兰淇作为个体所独自面对的难以向他人诉说的心灵感受。当弗兰淇因为所处成长阶段的原因要与他人产生分离时,她的孤独感便随之而来。因为与小约翰所处的成长阶段不同,弗兰淇想要与之讨论少女成长的烦恼的想法以失败告终;因为与贝丽尼斯所处的社会阶层不同,弗兰淇想要与之讨论自我认知的想法以失败告终;因为与父亲所处的立场不同,弗兰淇想要加入婚礼的愿望也最终不被父亲支持并且以失败告终。弗兰淇在第二次出走之时,因为太害怕一个人只身闯荡世界的孤独感,曾经想过要回头去找蓝月亮的士兵,这都说明她内心有着渴望与他人建立亲密感并且摆脱孤独感的想法。小说结尾与弗兰淇同处于青春期的少女玛丽的出现,给弗兰淇的青春期带来了与"暗影"相对应的"光明"。她们处在相同的成长阶段,有着类似的环游世界的梦想,这两点就已经足够冲淡弗兰淇内心的孤独感了。

虽然生命是无常的,但是春去秋来,人类社会会有新的生命诞生,生活依旧要继续下去。弗兰淇经历了在"出走"失败及小约翰的死亡之后,并没有对生活失去全部的信心,她开始结交新的朋友,找到适合自己的小团体,不再去"怪物屋"里看各种各样的怪物,而是与新的朋友一起制订环游世界的计划,越发从容不迫地走进成人的世界,完成从儿童世界到成人世界的转变,实现自己人生阶段的新跨越。

《婚礼的成员》讲述了美国南方小镇少女弗兰淇孤独的成长故事,麦卡勒斯所要描写的不仅仅是弗兰淇单个人的成长,同时也是世界上万千少女的成长故事。在这成长的过程中,会有希望冲破家园的渴望,会有离家出走前期的害怕,会有离开家园的困惑和思考,还会有对生命本身的思考和理解。

参考文献

[1] 圣经·创世纪[M].刘精明,译.南京:中国基督教协会,1995.

[2] 卡森·麦卡勒斯.婚礼的成员[M].周玉军,译.上海:上海三联书店,2005.

[3] 张鹏,杨莉馨."出走"与"回归"——论卡森·麦卡勒斯小说创作的情节模式[J].学术论坛,2016(38).

[4] 宗连花,黄铁池.灵魂上的拒与合:卡森·麦卡勒斯创作宗教观的悖论[J].上海师范大学学报(哲学社会科学版),2012(41).

[5] 王晓丹.超越与颠覆:近十年国外卡森·麦卡勒斯小说研究述评[J].黑龙江社会科学,2011(5).

[6] 于芳.探寻卡森·麦卡勒斯《婚礼的成员》中的个体意识[J].赤峰学院学报(哲学社会科学版),2012(2).

[7] 朱琳.麦卡勒斯小说的宗教意蕴和人文关怀[J].北方论丛,2016(2).

[8] 涂翠平,夏翠翠,方晓义.西方心理分离的研究回顾[J].心理科学进展,2008(16).

汉语言文字学

绍兴方言中的特殊量词及其演变趋势

陈家楠

摘　要　绍兴越城区方言属北吴临绍小片，与普通话相比，语音、词汇、语法颇具特色。本文通过描写越城区方言的特殊量词，探讨其在使用和搭配上的特点，并分析在不同人群中的使用情况，以揭示这些特殊量词的演变趋势。

关键词　绍兴方言；特殊量词；演变

本文主要描写了绍兴方言中的特殊量词，这些量词主要分成三类：(1)沿用古汉语用法而普通话中不再有的；(2)普通话中虽有但可修饰的对象比普通话多的；(3)普通话中没有的。这些量词有的一直活跃在口语当中，有些属于老派说法，使用频率已经降低。

本文所描写的是笔者母语绍兴越城区方言的量词，绍兴越城区是浙江省绍兴市的下辖区，地处杭州湾南岸、宁绍平原西部、会稽山北麓。根据《中国语言地图集》(第 2 版)①分片，境内方言属于吴语区太湖片临绍小片。以下音系系参考《绍兴方言研究》②整理而成。

(1)声母：29 个(见表 1-1)。

表 1-1　声母

p	pʰ	b	m	f	v
t	tʰ	d	n		l
ts	tsʰ	dz		s	z

---

①　中国社会科学院语言研究所：《中国语言地图集》，商务印书馆 2012 年版，第 104 页。
②　王福堂：《绍兴方言研究》，语文出版社 2015 年版，第 3—7 页。

续　表

tɕ	tɕʰ	dʑ	ȵ	ɕ	ʑ	
k	kʰ	g	ŋ	h	ɦ	
∅						

(2)韵母：57个(见表1-2)。

表1-2　韵母

ɿ	a	ɛ	ɤ	ɒ	o	æ̃	ẽ	õ	aŋ	əŋ	ʊŋ	oŋ	aʔ	æʔ	eʔ	əʔ	øʔ	oʔ
i	ia	iɛ	iɤ	iɒ	io	iæ̃	iẽ	iõ	iaŋ	iŋ	iʊŋ	ioŋ	iaʔ		ieʔ		iøʔ	ioʔ
u	ua	uɛ			uo	uæ̃	uẽ	uõ	uaŋ		uʊŋ	uoŋ	uaʔ	uæʔ	ueʔ		uøʔ	uoʔ
y																		
m	n̩	ȵ̩	ŋ̍	l̩														

(3)声调：8个(见表1-3)。

表1-3　声调

阴平	52	阴上	335	阴去	33	阴入	45
阳平	231	阳上	113	阳去	11	阳入	23

一、特殊方言量词分类例释

(一)名量词

1.个体量词

(1)沿用古义。

枚〔bɛ¹¹〕

"枚"在汉代是个通用量词，相当于"个""支""件"等。《玉篇·木部》："枚，个也。"《墨子·备城门》："枪二十枚。"《续汉书·五行志四》："六年夏四月，沛国、渤海大风，拔树三万余枚。"杨景贤《西游记》第十一出："有女一枚年十八。"这些例句说明"枚"在古代是个很常用的量词，可修饰的对象非常多。在如今的绍兴方言中保留了其作为量词的功能，但能修饰的对象非常有限，绍兴方言中可说：一枚钉头子、一枚倪线

（针）、一枚凳、一枚椅子。

瓣 $[b\widetilde{æ}^{11}]$

在《格物粗谈·树木》中曾有那么一句："种柳，先于土坑中置蒜一瓣，甘草一寸，永不生虫。"因此"瓣"有作为量词的用法，可用来修饰花瓣、叶片或种子、果实、球茎分开的小块儿。虽在普通话中仍保留"一瓣蒜"这种说法，但已不能用来修饰花瓣、叶片，而绍兴方言仍保留了这种搭配，可说：一瓣叶片、一瓣花瓣。

腰 $[i\eta^{52}]$

"腰"在古时可作为量词，用于指"衣带"，相当于"条"。《北史·柳裘传》："以奉使功，赐彩三百匹，金九环带一腰。"宋陆游《老学庵笔记》卷六："古谓带一为一腰……近世乃谓带为一条。"可知，"一腰衣带"这种表达在宋代就已不用。绍兴方言中保留了"腰"作为量词的用法，但不修饰"衣带"，可说：一腰裙、一腰裤。

注 $[t\mathbf{c}y^{33}]$

"注"作为量词的时候，首先可用于赌注，赌博时一次所下的本钱叫作一注。《水浒传》第三十八回："李逵道：'我不傍猜，只要搏这一搏，五两银子作一注。'"再次可用于钱款、交易，相当于"笔""桩"。《红楼梦》第五十三回："你算一算那一注花了多少，就知道了。"其次可用于修饰"雨"，相当于"阵""场"。绍兴方言中可说：一注生意、一注铜钱，称重时一次称的货物叫"一注"。

眼 $[\eta\widetilde{æ}^{113}]$

在古文中，"眼"作为量词时多修饰泉水或房屋。例如，白居易《钱塘湖石记》："湖中又有泉数十眼。"《水浒传》第七十四回："小二哥道：'只有两眼房，空着一眼。'"绍兴方言中可说：一眼井。

牙 $[\eta o^{231}]$

在古文中，"牙"可作为量词，但是仅指绺、发须。《水浒传》第五十七回："众人看徐宁时，果是一表好人才：六尺五六长身体，团团的一个白脸，三牙细黑髭髯，十分腰细膀阔。"

绍兴方言中可说：一牙西瓜、一牙苹果等，基本能切成块的水果都可用量词"牙"修饰。而用不同量词"牙""块""片"修饰是根据不同形状选择的：若切成弯月牙状并有一定厚度，用量词"牙"；若切成块状且有一定厚度,用量词"块";若切成片状,用量词"片"。

(2)更多可修饰对象。

口[kʰɣ³³⁵]

《晋书·刘曜载记》:"管涔王使小臣奉谒赵皇帝,献剑一口。"《天工开物·锤锻·针》:"留针二三口插于其外,以试火候。"《高玉宝》第七章:"一个人放十二三口猪,真不好放!"从例句中可知,量词"口"曾经可以修饰"剑""针""猪"等。如今的现代汉语中还可以说"一口井""一口缸",但量词"口"已不再修饰"剑""针""猪"了。

绍兴方言中可说:一口饭、一口水、一口井、一口缸、一口橱(柜子)、一口钟、一口棺材、一口蚊虫饼。

部[bu¹¹³]

在普通话中,"部"作为量词时只可修饰影片和书籍。例如,鲁迅《集外集拾遗补编·题(芥子园画谱)三集赠许广平》:"然原刻难得,翻本亦无胜于此者,因致一部一赠许广平。"

绍兴方言中可说:一部机器、一部楼梯、一部梯子、一部汽车、一部脚踏车,一部电影、一部书。

(3)方言独有。

梗[kuaŋ³³⁵]

《说文解字》:"梗,山枌榆。有枣,荚可为无黄者,从木,更声。""梗"一开始是木名,表刺榆,后指植物的根、枝、茎。《字义·木部》:"梗,枝梗。"《战国策·齐策三》:"有土偶人与桃梗相与语。"其义与"根"相似,《说文解字》:"根,木株也。"因此在绍兴方言中,量词"梗"可以代替量词"根",修饰能用"根"修饰的对象。例如:一梗绳、一梗棒头、一梗头发、一梗面条等。除了能代替量词"根","梗"还可以有其他搭配:一梗鱼、一梗蛇。

橛[dʑiøʔ²³]

"橛"本指"木橛子、短木桩",古时门中竖立作为限隔的端木也叫"橛"。在《诗经·小雅·大田》中:"大田多稼,既种既戒,既备乃事。"汉郑玄笺:"至孟春,土长冒橛,陈根可拔而事之。"绍兴方言中有"一橛甘蔗"的说法,其中"橛"可表示树木或禾稼的残根,而甘蔗属于禾本科植物,我们食用的是其根茎。"橛"恰好又有"根"之意,这或许是该量词的来源。除此之外还可说:一橛木头、一橛线。

2.集体量词

本文列举的集体量词都属于不定量集体量词。

（1）沿用古义。

刀 [tɒ⁵²]

《说文解字》："刀，兵也。象形。"古时由于古钱币形似刀，也被作为古钱币名。明沈榜《宛署杂记·乡试》："包裹纸十刀。"古时"刀"可作为纸张的计量单位，通常一百张为一刀，可见这时候的量词"刀"属于定量集体量词。

在绍兴方言中只要达到一定厚度的纸，即使未达到或远远超过一定量，都可统称为"一刀纸头"，其用法接近于普通话的"一叠纸"，属于不定量的集体量词。除此之外还可以说：一刀（纸质）资料、一刀餐巾纸。

提 [di²³¹]

《管子·山权数》："君请起十乘之使，白金之提。"《三国演义》第七十七回："上马一提金，下马一提银。"可见，在古代，"提"确实可以作为量词，但多修饰"金""银"。绍兴方言中可说：一提酒、一提尿。

（2）方言独有。

坒 [bi¹¹]

《说文解字》："坒，地相次比也。从土，比声。""坒"有相连接的意思。绍兴方言量词"坒"多用来修饰紧挨着的一堆物品。这种用法在章炳麟的《新方言·释言》中也有所表现："今人谓土相次比，物相次比，皆曰一坒一坒。或言事有先后第次，则曰：一批一批。范寅说，本坒字也。"章炳麟是杭州余杭人，而范寅是浙江会稽（今绍兴）人，著有《越谚》一书。

绍兴方言中可说：一坒砖头、一坒干菜。

呷 [hæʔ⁴⁵]

在《说文解字》中，"呷"表示"吸呷，吸饮"。鲁迅先生的《而已集·答有恒先生》中有那么一句话："他们其实至多也不过吃半只虾或呷几口醉虾的醋。"鲁迅先生的这段文字说明了绍兴方言将"喝醋"说为"呷醋"，"呷"在这里做动词。在动词"呷"的影响下，慢慢地"呷"也可作为量词修饰少量的液体。绍兴方言中可说:一呷老酒、一呷茶、一呷饮料等。

蓬[boŋ²³¹]

"蓬"本指"蒿也",后演化为"散乱,蓬松"之意。绍兴方言中可说:一蓬烟、一蓬草。

(二)动量词

本文列举的动量词都属于方言独有型。

记[tɕi³³]

绍兴方言中可说:拷(打)一记、扭一记、踢一记,表示动作进行"一下"。

《太平天国歌谣传说集·夜破潘家墙》:"拍手三记为号,城门就开了。"歌谣采自各地的民谣,笔者猜想量词"记"具有地区方言的可能性。茅盾在《霜叶红似二月花》中也有这种表达:"这件事要是经了官,只要三记屁股,他们就会张三李四乱板起来。"茅盾是浙江嘉兴桐乡人,那这又会不会是吴语的一种独特表达呢?后又发现杨沫的《青春之歌》中也有这种说法:"道静突然像被人在头上重重打了一记。"杨沫原籍湖南湘阴,生于北京,其说的不是吴语,因此推断这应该不是吴方言的独特用法。

卯[mɒŋ¹¹³]

绍兴方言中可说:去一卯、来一卯、看一卯、走一卯、坐一卯,表示动作进行的次数。其中的"卯"是如何被引为动量词并表示"次"的呢?

《说文解字》:"卯,冒也。二月万物冒地而出,像开门之行。故二月为天门。"

后又可指清代催征钱粮、筹饷、收捐等的期限。分期追比叫卯。分期奏报,第几期叫第几卯。例如,《二十年目睹之怪现状》第六十回:"你回去把那第几卯、第几名及部照的号数,一切都抄了来,我和你设法去请个封典。"笔者推测或许绍兴方言中的"卯"受这个意思的影响,进而演化出"次"这个义项,最后约定俗成地运用开来。

埭[da¹¹]

绍兴方言中可说:去一埭、来一埭、走一埭,也表示动作次数,但是更倾向于强调后面的地点,表示"去那儿几次了"。

《汉语大字典》写道:"埭",方言,趟,次。《海上花列传》第十四回:"我去一埭就来,耐等依歇。""埭"的本义是"堵水的土坝",后表示船舶往来征税之处,出现了"处所"之义。而绍兴方言的"地方"叫作"埭坞",与这个"处所"义产生了关系。就此笔者猜想"去一次/趟(那个地方)"自然而然地慢慢演变为"去一埭"了。

歇〔ɕieʔ⁴⁵〕

绍兴方言中可说:休息一歇、坐一歇、等一歇。其中"一歇"有两种意思:一会儿,片刻;表示稍长的一段时间。比如说:"他动作慢,还要一歇工夫",即表示还要稍长的一段时间。

《汉语大字典》中量词"歇"的解释:一是表示动作次数,相当于"番""次"。金董解元《西厢记诸宫调》卷五:"送下阶来欲特别,又嘱咐两三歇。"二是表示一段时间,相当于"一会儿"。《海上花列传》第一回:"再坐歇。"《反美华工禁约文学集·(苦学生)第十回》:"好半歇到岸。"其中发现"表示一段时间,一会儿"的例句都是出自吴方言,首先《海上花列传》是著名的吴语小说,也是中国第一部方言小说;其次,《反美华工禁约文学集》由阿英著,其是安徽芜湖人。安徽省内部的方言较复杂,大致分为官话、赣语、徽语、吴语四类汉语方言,其中在芜湖县,吴语通用面较广。

那这会不会是吴语的一种独有表达呢?就这个现象,笔者查阅了"朱氏语料库",发现《水浒传》中也有这类表达:"再说王婆安排了点心,请那妇人吃了酒食,再缝了一歇,看看晚来,千恩万谢去归了。"其中的"歇"也是"一会儿"的意思。作者施耐庵是泰州兴化人,而当地的方言属于江淮官话泰如片、吴语太湖片,因此认为这是吴语独有的表达的可能性还是很大的。

(三)重量量词

绞〔kɒ³³⁵〕

绍兴方言中可说:一绞线、一绞毛线,其中的"一绞毛线"大约表示50克毛线,十绞即500克。

张謇《雪宧绣谱·绣引》:"凡线一绞大约三十根。"又言:"凡线一绞,如环大约引长一尺二寸而两之。"这说明"绞"曾可作为量词,用于纱、毛线等。在《丝绸杂志·立式无锭杆厂丝络机》中也有这种表达:

"目前丝织厂使用的或头翻丝车,容量小,每或仅一绞或二绞丝。"《立式无锭杆厂丝络机》这篇是出自 1975 年的《丝绸》,《丝绸》创刊于 1956 年,由浙江理工大学主管,其中"一绞或二绞丝"的表达可能与吴方言有关。

绍兴方言在语音、词汇、语法上都经历着漫长的演变。笔者猜想以上的量词在绍兴方言口语中的使用频率和使用人群会有所区别,因而进行进一步调查探究。

二、调　查

(一)调查对象

本次调查的对象是 10 名绍兴本地人,4 名男性和 6 名女性,年龄在 10 岁到 82 岁不等。他们都在绍兴越城区长大,且能流利地使用绍兴方言进行日常交流,没有听力和言语方面的问题。根据调查对象的年龄分为三组,分别是老年组(65 岁以上)、中年组(35 岁到 65 岁)和青年组(35 岁以下),其中老年组 3 人,中年组 3 人,青年组 4 人(10 位调查对象的基本情况详见附件)。

(二)调查方法

语料的获取以朗读法、访谈法为主,辅以诱导法。访谈法是社会语言学中获取语料的基本方法。在本次调查中,朗读法、访谈法、诱导法都是依据调查表和调查对象的特点有选择地使用的,既可以单独使用某种调查方法,也可以综合运用,其目的是尽可能保证语料的真实性。

(三)调查过程

调查在较安静、方便长时间进行调查的室内完成。参加调查时,每个调查对象都会拿到一张调查表。其内容如下:

姓名 ＿＿＿＿＿＿＿　　　　性别 ＿＿＿＿＿＿＿

出生年月 ＿＿＿＿＿＿＿　　　　教育情况 ＿＿＿＿＿＿＿

绍兴＿＿＿＿＿＿（区）人　　职业＿＿＿＿＿＿

一、以下有 27 个名词作为修饰对象，请你分别用你认为合适的量词来修饰（可用多个不同的量词修饰同一个对象）。请用"一＋量词＋名词"的形式表达，例如"一＿＿凳"。

1.凳	2.椅子	3.叶片	4.裙	5.裤	6.铜钱	7.生意
8.井	9.西瓜	10.饭	11.缸	12.蚊虫饼	13.车	14.梯子
15.楼梯	16.鱼	17.头发	18.甘蔗	19.纸头	20.砖头	21.酒
22.尿	23.老酒	24.茶	25.草	26.烟	27.毛线	

二、以下有 4 个动词，请你分别选择较合适的动量词进行搭配（可用不同的动量词修饰同一个动词）。请用"动词＋一＋动量词"的形式表达，例如"去一＿＿"。

1.掼（打）	2.去	3.走	4.坐

调查对象首先进行以上调查表的内容，笔者在记录的同时根据每个调查对象的不同情况进行进一步的询问，以防遗漏，例如："除了'一块西瓜'，我们说不说'一牙西瓜'？"

（四）结果与结果分析

根据调查结果的统计，列出老、中、青三派的量词使用频率，详见表1-4。

表 1-4　老、中、青三派的量词使用频率

名量词	修饰对象	老	中	青
枚	凳	3/3	3/3	4/4
	椅子	3/3	3/3	4/4
瓣	叶片	3/3	2/3	0/4
腰	裙	1/3	0/3	0/4
	裤	1/3	0/3	0/4
注	铜钱	1/3	0/3	0/4
	生意	1/3	1/3	0/4

名量词	修饰对象	老	中	青
眼	井	3/3	2/3	1/4
牙	西瓜	3/3	3/3	3/4
口	饭	3/3	3/3	4/4
	井	3/3	3/3	4/4
	缸	3/3	3/3	3/4
	蚊虫饼	3/3	3/3	4/4
部	车	3/3	3/3	4/4
	梯子	3/3	2/3	1/4
	楼梯	3/3	2/3	2/4
梗	鱼	3/3	3/3	4/4
	头发	3/3	3/3	4/4
橛	甘蔗	3/3	3/3	4/4
刀	纸头	3/3	3/3	4/4
垩	砖头	3/3	3/3	2/4
提	酒	1/3	1/3	0/4
	尿	3/3	3/3	4/4
呷	老酒	3/3	3/3	4/4
	茶	3/3	3/3	4/4
蓬	草	3/3	3/3	3/4
	烟	2/3	1/3	0/4
重量量词	修饰对象	老	中	青
绞	毛线	3/3	3/3	1/4
动量词	组合动词	老	中	青
记	拷一	3/3	3/3	4/4
卯	去一	3/3	3/3	4/4
埭	走一	3/3	3/3	4/4
歇	坐一	3/3	3/3	4/4

由表 1-4 可知,列举的特殊量词在老、中、青三派中呈现不同的使用频率和演变趋势。量词"枚"在老、中、青三派的使用频率都非常高,而且调查对象几乎是在第一反应就使用"枚"来修饰"凳"和"椅子"。量词"瓣"在老年人和中年人中使用得较多,但青年人都用"一片叶片"的表达来代替。量词"腰""注"的使用频率较低,即使在老年人中的频率也很低,中年人和青年人基本上没听过这种表达,多使用"一条裙、一条裤""一个铜钱、一个生意"的说法。同一个修饰对象"井",两个量词"眼"和"口"相比较,"口"的使用频率高于"眼"。调查对象的第一反应基本上是量词"口",在询问的过程中才有部分老年人和中年人表示有"一眼井"这种说法,但青年人都没听说过。同一个量词"部",修饰"车"时所有调查对象都使用了这种搭配,但修饰"楼梯"和"梯子"时,老、中、青的使用频率呈下降趋势。量词"提""蓬"也面临着和"部"一样的局面,修饰"酒"的使用频率低于"尿";修饰"烟"的使用频率低于"草"。量词"梗""橛""刀"的使用频率在各个年龄段都非常高。量词"坒"在老年人和中年人中使用得较多,青年人对其的使用开始减少。量词"呷"保留得很好,面对修饰对象"老酒"和"茶"时人们几乎脱口而出量词"呷"。量词"绞"在老年人和中年人中的使用频率很高,青年人中则降低。动量词在各个年龄段的使用频率都很高,其演变得较慢。

整理发现,首先,使用频率较低的、演变较快的量词多属于"沿用古义"型,例如量词"瓣、腰、注、眼",部分老年人、中年人和多数青年人使用普通话量词"片、条、个、口"来代替,其演变的趋势与普通话趋同;在方言口语中保留较好、演变较慢的多属于"方言独有"型。其次,同一个量词内部也存在着竞争,有些修饰对象附着得更好、使用频率更高;另一些使用频率较低的修饰对象与普通话量词搭配得更多,其演变的趋势与普通话趋同。最后,动量词与名量词、重量量词相比保持得更稳定,各个年龄段的使用频率都很高,演变较慢。

三、结　语

本文主要列举了绍兴方言中特殊的量词,并依据其来源和如今的用法、意义划分成三类:(1)沿用古汉语用法而普通话中不再有的;(2)

普通话中虽有但可修饰的对象比普通话多的;(3)普通话中没有的。其次,通过调查发现这些量词在老、中、青三派的使用频率和演变趋势有所区别;一些沿用古义的量词"瓣、腰、注、眼"在青年人中已经很少甚至不会使用,其演变的趋势与普通话趋同;同一个量词搭配不同的修饰对象会有不同的演变趋势,例如量词"提""蓬""部",其中使用频率较低的修饰对象的演变趋势与普通话趋同;动量词演变更缓慢,与部分名量词由于独特的意义和表达作用而一直在绍兴方言口语中保持旺盛的生命力,如"记、卯、埭、歇、橛、梗、刀、呷"等。

　　关于量词在老、中、青三派中不同演变趋势的具体原因需要进一步探究。

附件

10 位调查对象的基本情况

分组	样本	姓名	性别	年龄	出生地	职业	教育水平	备　注
老年组	样本一	李 * 菊	女	82	绍兴越城区	退休	小学	一直在越城区,未到其他地方常住。配偶绍兴人
	样本二	单 * 武	男	81	绍兴越城区	退休	高中	一直在越城区,未到其他地方常住。配偶绍兴人
	样本三	周 * 林	男	74	绍兴越城区	退休	初中	绍兴越城区长大,28 岁去柯桥稽东支农教书,40 岁左右回到越城区。配偶绍兴人
中年组	样本一	陈 * 英	女	58	绍兴越城区	退休	高中	一直在越城区,未到其他地方常住。配偶绍兴人
	样本二	陈 * 耀	男	53	绍兴越城区	职员	高中	一直在越城区,未到其他地方常住。配偶绍兴人
	样本三	傅 * 雅	女	48	绍兴越城区	职员	初中	一直在越城区,未到其他地方常住。配偶绍兴人
青年组	样本一	俞 * 憨	女	28	绍兴越城区	职员	大学	一直在越城区,未到其他地方常住。无配偶
	样本二	傅 * 颖	女	22	绍兴越城区	学生	大学	一直在越城区,未到其他地方常住。无配偶
	样本三	傅 * 媛	女	21	绍兴越城区	学生	大学	一直在越城区,未到其他地方常住。无配偶
	样本四	吴 * 晨	男	15	绍兴越城区	学生	中学	一直在越城区,未到其他地方常住。无配偶

注:为了保护调查对象的隐私,表格中姓名的第二个字用 * 表示。

参考文献

[1] 汉语大字典(第 2 版)[M].成都:四川出版集团·四川辞书出版社,武汉:
   湖北长江出版集团·崇文书局,2010.

[2] 王福堂.绍兴方言研究[M].北京:语文出版社,2015.

[3] 阮咏梅.温岭方言中的量词[J].宁波大学学报,2013(7).

[4] 梁晓玲.黑龙江方言的量词[J].方言,2010(3).

"答应"与"允许"句法差异考察

薛李玉

　　摘　要　本文旨在讨论近义施为动词"答应"与"允许"的句法差异,分别从这一对施为动词的主语的生命度、其后所带的宾语、是否可用于被动句这几个方面进行了比较。分清楚这些差别有助于教学,也有助于在写作时提高语言使用的准确性。

　　关键词　施为动词;"答应";"允许";句法差异

一、引　言

　　"答应"和"允许"是汉语中常见的一对同义词,《现代汉语词典》中的"答应"包含了两个义项:答应₁表示同意、允许,答应₂表示应声回答。为了方便阅读,下文将不再在"答应"的后面标出阿拉伯数字,因此下文中所有的"答应"都表示同意的意思。过去我们在辨析同义词的时候,更多地将注意力放在词义层面,如一组同义词词义范围的大小轻重、感情色彩的褒贬等,而本文讨论的是"答应"与"允许"作为近义施为动词在句法上的句法差异。施为动词是在特定的条件下不仅可以报道言说内容而且还具有做事的力量,说出话语也就完成了话语所描述的行为的一种词。①"答应"和"允许"可以互相解释,但是二者之间还有很多语义、句法上的差异。下文将从与其搭配的主语、句式的差别、是否可用于被动句、语义指向和所带补语这几个方面考察近义施为动词"答应"与"允许"在句法上的差异。分清楚同义词在句法上的差异,有助于教学,也有助于在写作时提高语言使用的准确性。

---

①　董秀芳:《汉语中表示承诺的言语施为动词》,《汉语学习》2010 年第 2 期,第 23 页。

二、"答应"与"允许"句法差异上的具体表现

(一)"答应"与"允许"的主语有差别

"答应"与"允许"虽然作为一对近义施为动词都表示同意的意思，但与其搭配的主语却是有差别的。我们拿例子(1)(2)来做比较：

(1)道路允许通车。　　　　　　　*道路答应通车。

(2)他允许你去做这件事。　　　　他答应你去做这件事。

例(1)中"道路允许通车"，无生命的词做主语时我们用"允许"与其搭配，不会影响我们的表达和理解。如果这个例子中我们使用"答应"则会造成语感和语义上的不通顺，而在例(2)中无论我们使用"允许"还是"答应"都不会影响表达。所以说"允许"搭配的主语可以是有生命的也可以是无生命的，而"答应"的主语却必须是要有生命的才可以。生命范畴是语言里的基本范畴之一，①它会影响语言的方方面面。它制约着词汇之间的选择和搭配，有生动词必须以有生体词作为施事主语。② 所以有生体词"答应"必须由生命度高的词来做主语。

(二)"答应"与"允许"的句式的差别

"答应"与"允许"作为施为动词，它们都可以用在同一句式 NP1＋V＋NP2＋VP(V 代表施为动词"答应"和"允许"，VP 代表所做的事，NP1 是说话人，NP2 是受话人)里，如在例(3)里"答应"与"允许"都可以使用。但"答应"句式可以省略后面的 VP，直接适用于 NP1＋V＋NP2 这样的句式，而"允许"不行。如在例(4)中我们在"答应"后面可以不用加 VP，直接加人称代词做宾语，"他答应你"这个句子句意表达完整，听话者可以理解其意。但"允许"这个词后面省略做某事就会造成句意的不通畅。

(3)他答应你去上海。　　　　　　他允许你去上海。

---

① 王珏：《汉语生命范畴及其词汇、词法、句法表现》，《华东师范大学学报》2004 年第 1 期，第 112 页。

② 同①，第 118 页。

(4)他答应你。　　　　　　　　＊他允许你。

(三)"允许"可以用在被动句中,而"答应"不行

(5)张三允许李四去上海。　　　李四被允许去上海。

张三答应李四去上海。　　　＊李四被答应去上海。

"允许"这个词的主语可以很清楚地表达自己允许他人做某事或者他人允许自己做某事,所以在变成被动句时,主语可以表示"被处置"的意味,而"答应"则不同,谓语部分的行为动词可以是 NP1 完成的,也可以是 NP2 完成的;也就是说,"允许"是个指令类施为动词,而"答应"则可以完成两种施为功能:承诺或者指令,一般都是自己要去干什么或自己同意他人去干什么,它的主动性较强,一般不用在被动句中。如:例(5)中"张三答应李四去上海"这个句子可以表示主语"张三"会去上海,也可以表示主语"张三"只是同意"李四"去上海而"张三"去不去则不一定。所以"答应"的主语"被处置"意味不强,无法用在被动句中。

(四)"答应"和"允许"所做的事情的语义指向不同

"答应"与"允许"作为一对近义施为动词可以都用在 S1＋V＋S2＋VP(S1 代表整个句子的大主语,V 代表着施为动词"答应"与"允许",S2 是 V 的宾语也是整个句子的小主语,VP 代表所要做的事)中,这个句式用来表示同意某人做某事。

(6)他答应你去游乐园。

(7)他允许你去游乐园。

但在这个句式里,"答应"与"允许"后跟的 VP 的语义指向却有所不同。"答应"一词后面的 VP 可以指向句式里的 S1,也可以指向 S2。如例(6)就有两种表达,当句子中"去游乐园"这个动作的语义指向为大主语 S1 时,这个句子就会表示"他"会去游乐园;当其语义指向句式中的 S2 时,句子的表达就成为"他同意你去游乐园",大主语 S1 则不一定去。"允许"一词后的 VP 语义指向只能是句式中的 S2。如例(7)中"去游乐园"这个动作的发出者只能是"你",整个句子只表示"他同意你去游乐园"这一种意思。

（五）后跟补语不同

"答应"可以直接后带的补语也只限于趋向补语,同时可带的趋向补语又只限于"下来、下"这两个趋向动词,而不能带诸如"来、去、上去、上来"等趋向动词做补语。① 朱氏语料库中查询到了大量的例子,如:

（8）对她原想,若霞会痛痛快快的一口答应下不准冠晓荷再进来的。（老舍《四世同堂》）

（9）鸿渐最怕演讲,要托词谢绝,谁知道父亲代他一口答应下来。（钱锺书《围城》）

但在查询中没有找到"允许"后跟补语的例子。我们把上面两例中的"答应"替换成"允许",句子的可接受性就会降低:

（8）对她原想,若霞会痛痛快快的一口允许下不准冠晓荷再进来的。

（9）鸿渐最怕演讲,要托词谢绝,谁知道父亲代他一口允许下来。

上面的内容总结到下面的表格里面:

	主语有生命度	可以省略句式 NP1＋V＋NP2＋VP 中的 VP	用于被动句	句式 S1＋V＋S2＋VP 中 VP 语义指向可双指	后可跟补语
答应	＋	＋	－	＋	＋
允许	±	－	＋	－	－

三、结　语

综上所述,可以得出以下几点结论:（1）施为动词"答应"自主性要比施为动词"允许"高,所以"答应"必须是由生命度高的词来做主语,只有生命度高的才能发出自主性较强的动作。此外,也正是由于"答应"的自主性较强,所以很难用于被动句中,并且在句式 S1＋V＋S2＋VP 中"答应"的 VP 语义指向可以指向大主语 S1 表示 S1 去做某事。"允许"这个动作的自主性不强,所以 VP 表示的做某事指向句式中的 S2,

---

① 张言军:《"同意"类动词初探》,《唐山师范学院学报》2015 年第 6 期,第 33 页。

一般不会表示大主语 S1 去做某事。（2）动词"答应"的动词隶属度比
"允许"高，所以"答应"后可跟补语，"允许"不行。此外，正是由于"答
应"的动词性强，所以"答应"在句式 S1＋V＋S2＋VP 里可以省略后面
的 VP，"答应"一个动词后面隐藏着 VP 整个事件，只需两个论元就可
以完成整个表述。但"允许"动词性弱，没有办法隐藏着 VP 整个事件，
所以要在 S2 后面补充完整整个事件 VP 才不会影响表达。

参考文献

［1］董秀芳.汉语中表示承诺的言语施为动词[J].汉语学习,2010(2).

［2］王珏.汉语生命范畴及其词汇、词法、句法表现[J].华东师范大学学报,
　　2004(1).

［3］张言军."同意"类动词初探[J].唐山师范学院学报,2015(6).

中国古典文献学

《左传》武姜叙略

傅俊杰

摘　要　《左传》中出现了许多具有典型意义的女性形象。许穆夫人以一位爱国女诗人的形象著称于中国文学史,挑动晋国动乱的骊姬被视为女性擅权者的文学原型。论文选取了其中一位因"偏爱"而为人所熟知的女性形象——武姜进行论述。全文共分为五个部分:引言,《左传》女性形象分类,武姜形象分析,《左传》塑造武姜的艺术手法,后世影响。通过对武姜的详尽分析,展示一个毫无原则观念、任性偏心的贵妇人形象。

关键词　《左传》;武姜;描写手法;影响

一、引　言

《左传》是《春秋左氏传》的简称,又名《左氏春秋》,按照春秋编年顺序记述了起于鲁隐公元年(前722),迄于鲁哀公二十七年(前468),合计二百五十五年的鲁国历史,是我国历史上最早的叙事详细的编年体历史著作。作为一本春秋史传书,它侧重对史实的描述,在语言使用上一方面沿承了前代典籍范本的优雅特色,又加入了丰富的日常生活语言素材,词汇运用丰富,色彩炫丽,语言复杂多变,这也使它成为一部非常优秀的文学作品,对中华民族精神文化生活产生了深远的影响。

回顾以往学者对《左传》的研究,大都是集中在对《左传》的作者、性质、真伪、编订等问题上,并且还在考证、校勘、注疏、字义训诂、义理、考据等方面取得了显著成就。但是,与前者的累累成果相比,针对《左传》中女性的研究就相对匮乏了。西汉刘歆在《古列女传》中有篇目客观评价了《左传》中的女性。唐代孔颖达的《春秋左传正义》对《左传》中的女

性人物进行评价时采取以评论词的形式,尚未有整篇的记载。直到 20
世纪 80 年代中期,随着学术界对妇女的关注,《左传》中女性的专题研
究才得以出现。越来越多的博、硕士论文选题着眼于《左传》中的女性
形象方面,更有不少专题著作出现,其中优秀的论著以绥化学院副教授
高方的《〈左传〉女性书研究》为例。本文从春秋女性的生活背景、人生
本色、个案生活和性情成因等方面进行论述,试图对春秋女性的生存状
态进行更加人性化的剖析,并力求准确地捕捉到影响其人生的主要
因素。

　　《左传》塑造了众多具有经典意义、能够体现时代特色的人物形象,
其中以男性角色为主。女性形象虽然没有男性那么多,但同样是不可
或缺的。在《左传》所陈述的这样一个男权社会中,女性以其独特的魅
力,给我们展示了一个春秋女性的生活世界,也为我们解读春秋社会开
辟了另一个广阔的空间。本文旨在以《左传》为文本依据,通过选取《左
传》中的典型女性形象——武姜进行分析,得出她的形象特征及形象形
成原因,并探讨对后世的影响。

二、《左传》女性形象分类

　　《左传》被誉为"叙事之最"[①],成功地叙述了 255 年的历史变迁,所
记历史人物数量在 1400 左右。然而在《左传》叙事文本中,是以男性为
主体的,据笔者统计,在这 1000 多人当中,有名有姓的女性只有 200 多
人,更多的是无名无姓的女子。男性人物像重耳这样鲜明的形象却俯
拾皆是。虽然女性人物在《左传》中被提及的比较少,但是任何社会活
动都不会孤立地进行,女性人物或多或少地参与其中。

　　研究《左传》中的女性形象,要先从女性形象类型开始。而学者
涉及《左传》中女性形象分类的时候,多将女性形象单纯地分为正、反
面人物。笔者在查阅资料的过程中发现如吴美卿的《〈左传〉女性人
物形象及意义》,杨丽敏的《〈左传〉女性形象研究》,谭永来的《〈左传〉
女性人物的文化意义探微》等论文亦为此种分类方式。张蓉的《〈左

　　① 刘知几:《史通通释》,清文渊阁四库全书本,第 467 页。

传〉贵族女性问题初探》中则为善恶之分,汤太祥的论文《〈左传〉中女性形象探析》中稍有添加,除善恶之分外有另类形象一类。关于正、反面人物的分类法,笔者的看法与刘兆、邵小龙在《〈左传〉女性人物形象探析》中的观点相同。他们在文中写道:"春秋时期,周王朝的王权逐渐衰落,各诸侯国纷纷崛起独立行事,所谓'各行其是,各为其主'。因此,对春秋时期人物的评价,没有绝对的正义与非正义,更没有绝对的善与恶,把阻碍还是推动历史发展、价值取向上采取个人主义还是集体主义等作为评价原则,对于《左传》中的人物而言都是不客观的。"①

笔者对于《左传》中女性形象的分类赞同王绍燕在《〈左传〉女性形象研究》中的分类法,将女性形象分为五类。

(一)具有卓越见识的女性

这一类女性在处理重大事件上表现出一种超乎寻常的胜过男子的决绝和果断。

《左传》中出现的女性多为显赫的贵族出身,她们比一般人有更好的条件接受良好的教育。未出嫁前,在公室的所见或母国与他国的斗争可带给她们远超他人的见识。作为家族宗法制中的重要成员,她们有机会参与国家事务,干预政治。因而这些女性身上具有很强的政治色彩。如:

楚武王夫人邓曼,楚王遇事多问计于她。鲁桓公十三年,楚国屈瑕领兵攻打罗国,斗伯比预算到会失败,入告邓曼,邓曼曰:

> 大夫其非众之谓,其谓君抚小民以信,训诸司以德,而威莫敖以刑也。莫敖狃于蒲骚之役,将自用也,必小罗。君若不镇抚,其不设备乎!夫固谓君训众而好镇抚之,召诸司而劝之以令德,见莫敖而告诸天之不假易也。不然,夫岂不知楚师之尽行也?②

---

① 刘兆、邵小龙:《〈左传〉女性人物形象探析》,《丝绸之路》2009年第22期,第74页。
② 杨伯峻:《春秋左传注》,中华书局1990年版,第137页。

这说明了邓曼具有卓越的头脑和高超的分析能力。

此类女性,具有超乎常人的见识和作为,她们突破了"女不言外"的旧礼教禁区,不仅敢于言外,而且还直接参与了国家兴衰成败的外交大策并颇有见地,充分表明她们具有过人的胆识、卓越的才能和政治家的远见。

(二)具有宗国观念的女性

这类女性表现出强烈的爱国主义精神,以自己宗国利益为先,行为令人敬佩。

在周代,周天子与诸侯之间,诸侯与诸侯之间,诸侯与卿、大夫之间,常常会通婚。这种类型的通婚,实质上就是政治婚姻,意图是和睦亲族,巩固政权。作为宗室女性,要清醒地认识到这种政治婚姻的实质,也要清楚在政治婚姻中肩负的责任,即使已嫁到他国,也应时常利用自己的公室身份保护宗国利益。如:

僖公四年,晋国发生骊姬之乱。公子重耳在二十四年才在秦国的帮助下回国。晋国的由乱到治,秦穆姬发挥了重要作用。秦穆姬是晋献公的女儿、申生的姐姐,虽然已经嫁到了秦国,仍然对母国的命运十分关心。秦穆姬利用自己独特的身份先后帮助夷吾和重耳回国,其姻亲关系是直接的因素。僖公十五年,夷吾回国的时候,秦穆姬嘱托他"尽纳诸公子"。之后晋惠公战败被俘,秦穆姬就和儿子女儿一起到柴堆上面,若是让晋惠公进入秦国,就自焚而死。此举虽不为晋惠公回国之根本原因,但依旧能表现其强烈的宗国意识。

这类女性把国家利益看得尤为重要,因为在以宗法制度为核心的春秋战国时期,养成这种性格是必然的。

(三)善于玩弄权术的女性

西周时期,王权独尊的统一天下发展到霸权迭兴的多元政治,带给社会最重要的变化就是诸侯之间前所未有的激烈战争。在激烈斗争中,大国争霸,小国图存。在这种复杂的社会关系中,没有主动权的女性想要在如此险恶的环境中得以生存,获得权力不失为一个有效的方式。权力越大意味着自己的安全更多一份保障。如果说,这一时期大部分女性是以辅臣的身份出现,并为男子出谋划策,那么,善于玩弄权

术的这一部分女性则是由幕后走向台前,直接参与到政治权力斗争中。如:

宋襄夫人因为孙子宋昭公对自己无礼,感到了威胁。为了巩固自己的地位,她借助戴氏的力量除掉了宋昭公的帮手,借助公子鲍得到国人拥护而宋昭公失去民心的时局,一举除掉了昭公。这一系列行动,缜密高明,足见其权术之高超。

(四)追求个性解放的女性

《左传》中的一部分女性,在参与政治的过程中表现出对政治敏锐的观察力、极强的宗国观念和对权力的渴望。还有一些女性,虽然在政治上没有很大权力,但却表现出一些高贵的品质,让人感到可敬,更为作品添加了不少色彩。如:

重耳回国后,狄人把季隗送回晋国。赵衰把叔隗作为内子。赵姬身份尊贵,当赵衰拒绝接纳赵盾和叔隗的时候,赵姬指责他是得宠忘旧。她的批评尖锐深刻。等接回叔隗母子,发现赵盾有才,就请求文公把赵盾立为嫡子,自己的儿子甘心屈居,这样一种不以权势压人,反而处处礼让的品格是很高尚的。

介之推在重耳复国之后不求赏赐,选择隐居。他的母亲和他谈论隐居的缘由。作为母亲的她深感儿子长期与重耳流亡的艰辛和一个忠臣被国君忘记的悲愤,但她最终还是选择了和儿子一起隐居。这样一种甘于平淡,不求荣华富贵的品质,都能在这些女性身上得以体现。

(五)乱伦好淫的女性

笔者通过这些乱伦好淫的女性,对当时统治阶级的无耻行径及虚伪的道德面目进行了有力的披露和批判。

如鲁桓公的夫人文姜,在鲁桓公三年嫁给国君后,陆续返齐与齐襄公私通。文姜未出嫁前,齐僖公曾多次把她许给郑太子忽,但为忽所拒绝。后来嫁给桓公时婚嫁不按礼节,像是急着送上门的。怕是僖公早已察觉子女的不伦之恋,急着把女儿嫁出去。后来鲁桓公带着文姜回娘家,文姜与哥哥齐襄公私通,被桓公发现,责骂了一顿。于是文姜串通襄公,把桓公害死在齐国。又如,鲁庄公的夫人哀姜与庄公弟庆父私通,谋杀了闵公想立庆父为君,最终落得个逃亡被杀的下场。

《左传》中的女性形象大致就分为上述五种类型。作为一本史书，《左传》在记载各类事件时还是比较客观公正的。《左传》的主旨是"惩恶劝善"[①]，赞赏了拥有卓远见识和宗国观念的女性，对玩弄权术、乱伦好淫的女性则持批判态度，显示了《左传》作者在对待女性问题上有着进步思想与倾向。

武姜因为偏爱的缘故，引发了郑庄公和共叔段两兄弟间的争斗，更是造成了郑国国家动荡，毫无疑问是一个玩弄权术的女性。

三、武姜形象分析

武姜作为春秋第一战"郑伯克段于鄢"中两位弟兄的母亲，扮演了一个偏执、宠溺小儿子的女性形象。《左传》鲁隐公元年记载：

> 初，郑武公娶于申，曰武姜，生庄公及共叔段。庄公寤生，惊姜氏，故名曰寤生，遂恶之。爱共叔段，欲立之。[②]

仅仅因为生产时受到惊吓，便不喜欢庄公，甚至挑起郑庄公和共叔段兄弟之间的战争，祸乱郑国，可见当时的贵族女性还是有一定能力干预政治的，有时甚至能够左右国家的政治局面。

武姜出自申国，申国君主申侯应为其祖父辈，申后（即周幽王第一任王后）应为其姑姑辈。武姜的母家申国可以说挑动了时代的大转变，武姜在未出嫁之前便已见惯了宗室诸侯间的斗争，可能很早就熟谙权力的重要性，嫁到郑国成为诸侯夫人，就有更多的机会参与权力斗争。

武姜可以归类于玩弄权力的女性一类，但若是仅仅把她看成一个玩弄权术、挑起郑国内乱的女性又是片面的。武姜同时是一个母亲，阴差阳错，只因生庄公时难产，武姜由此厌恶大儿子而喜爱小儿子。如果是一个普通的家庭，母亲偏爱顶多是导致家庭不和睦。但武姜的两个儿子却不是生于普通家庭，他们是诸侯的儿子，有一个要继承诸侯之

---

① 杜预：《春秋左传集解》，凤凰出版社 2010 年版，第 2 页。
② 杨伯峻：《春秋左传注》，中华书局 1990 年版，第 10 页。

位;母亲同时也是一个王后,母亲的站位是有可能对国家产生重要影响的。可以说,就是因为难产而产生的偏爱,推动了之后的一系列事件。所以说,历史是偶然的,历史不是个人的,历史是一个群体,是要联系起来看的。同样,看待一个历史人物,要从多角度、多方面观察,才能够得到一个比较全面的形象。

笔者拟从母亲形象、王后形象、叛逆者形象、棋子形象等四个方面对武姜进行论述。

(一)母亲形象

因为庄公寤生惊吓到武姜,武姜便厌恶庄公,并且喜欢她的小儿子。其中"寤生"一词备受关注,历来的学者对"寤生"的真实意义多有考究,然众说纷纭,不能达成共识。东汉学者应劭为最早为"寤生"做注者,他在《风俗通》中有"禁忌之说"。晋代杜预在《春秋左传集解》注"寤生"为"寐寤而庄公已生,故惊而恶之"①。即唐代孔颖达在《春秋左传正义》所说:"谓武姜寐时生庄公,至寤始觉其生。"据此可知,杜预、孔颖达二人都认为庄公是武姜在睡着时所生。此为"易生之说"。

清代以来,学者多觉以"逆生说"为宜。黄生在《义府》卷上云:"寤而已生,此正产之极易,何必反惊而恶之?予谓'寤'当与'牾'通。牾,逆也。凡生子首出为顺,足出为逆,至有手及臂先出者,此等皆不利于父母,或其子不祥,故世俗恶之。庄公寤生,是逆生也。逆生则产必难,其母之惊且恶也宜矣。"②钱锺书《管锥编》云:"黄解是也。《困学纪闻》卷六引《风俗通》解'寤生',全祖望注:'寤生,牾生也';与黄暗合。莎士比亚历史剧中写一王子弑篡得登宝位,自言生时两足先出母体(For I have often heard my mother say,/I came into the world with my legs forward),即'寤生'也;今英语谓之'breech presentation'。"③

笔者亦赞同"逆生说"一解。妇女生产本就是一个痛苦的过程,更何况是逆生的难产。武姜经历了这刻骨铭心的痛楚,对所生孩子带有怨恨应是有的。又结合当时世俗,逆生的孩子可能会被认为是不祥的,

---

① 杜预:《春秋左传集解》,凤凰出版社 2010 年版,第 3 页。
② 黄生:《义府》,清指海本,第 34 页。
③ 钱锺书:《管锥编》(第 1 册),中华书局 2007 年版,第 276 页。

会妨父母的观点应该是存在的。给母亲的生产带来极大痛楚,又有妨父母的世俗观点存在,庄公受到武姜的厌恶也算解释得通。

武姜是否有平常母亲对儿子的那种舐犊之情,从武姜的种种言行,特别是偏爱少子不惜倾覆大儿子政权的行为,是很难看出来的。可以说,武姜对庄公是没有一个母亲对儿子该有的温情的。

(二)王后形象

在大儿子的身上无法寄托自己的母爱,武姜可以说把所有的母爱都放在了小儿子共叔段身上了,甚至生出"欲立之"的念头,还"亟请于武公",扮演了一个私心偏袒的王后形象。大儿子并不曾犯下大错,竟然公然要废除大儿子的太子之位。武姜厌恶大儿子喜爱小儿子的原因,除了大儿子给她带来的生育痛苦之外,还有一部分可能是嫡长子继承制所带来的。

周王朝吸取商王朝"兄终弟及"的传位规则易造成国家政治经济混乱的经验,实行传子制度,为解决众多子嗣之间的矛盾,最大限度地避免争位之乱,后又发展成讲究亲疏贵贱之别的嫡长子继承制。嫡长子继承制的主要内容就在于嫡长子。所谓"嫡长子",包含了两层含义:"立嫡以长不以贤,立子以贵不以长。"① 如有嫡子,则取其中最年长的为嗣;若无嫡子,则从众庶子中选择身份最尊贵的。可见,嫡长子继承制的本质在于以身份确定继承,是一生下来就确定好了的,不按照父母的喜好,也不按照自身的德行。这种先天的选择人力无法改变,避免了兄弟之间储位的争斗,有利于最大程度上实现国君之间的平稳过渡。这种制度下最大的受益者是身份最尊贵的那位,他可以继承为国君,拥有领土与财富,而诸多其他兄弟的所得则远远不如他,很难继活。因此,君后多怀有一种爱怜少子的情怀。如《左传》隐公三年,卫庄公宠爱嬖人所生的州吁,州吁有宠而好兵,大臣石碏劝诫不止。等到隐公四年,州吁弑杀继位的桓公,引起了卫国大乱。幸得石碏施出妙计,大义灭亲,连带着自己的儿子一起杀了才平定了卫国的祸乱。再如王子带之乱,周惠后宠爱其少子王子带,想要立其为太子,没有成功就死了。

---

① 唐徐彦:《春秋公羊传注疏》,中华书局 2002 年版,第 2197 页。

等到周襄王即位后，王子带带着六地的戎族一同伐京师，进入了王城，焚烧了东门。周襄王在秦国、晋国的帮助下才平息了战乱，而王子带出奔到齐国。王子带后来被周襄王召回，却不思悔改，反而和周襄王王后隗氏私通，事发后又谋反，带领狄人进攻王城，襄王在诸侯的帮助下才得以复位。以上两则都是因为君后宠溺少子，给国家带来祸乱的例子。

（三）叛逆者形象

武姜的叛逆者形象，是从喜爱小儿子共叔段，想要立其为国君，"亟请于武公"开始的。王后宠溺少子到了向国君请立为未来国君的地步，公然向"嫡长子继承制"发起挑战。长子未曾犯下不可饶恕的罪过，仅仅是因为厌恶就要剥夺其继承权，这是对自己儿子的背叛。等到了庄公继位，武姜为共叔段请封"制"这块地方，"制"这块地方是郑国从虢叔那里所夺取，虢叔自恃地方险峻，不修政务，傲慢无礼，最终身亡国灭。"制"是一块险地，是郑国的要塞，武姜给共叔段请封"制"是要做第二个虢叔吗？王后为了少子将国家要塞请为封地，不顾国家安危，实际上是对郑国这个国家的背叛，同时也是对郑庄公这个国君的背叛。等到了共叔段准备袭击郑国的时候，这个母亲，同时也是一位王后，居然要为国家的叛逆者做内应，这时的武姜已经彻彻底底地成了一个叛逆者形象。

究竟如何定义武姜，是宠溺的母亲，是偏执的王后，还是叛逆者？笔者认为，以上定义都只是武姜的一面，都是武姜但又不全面。武姜还有另外一种形象，她是儿子郑庄公的一枚棋子，在郑庄公的春秋霸业里扮演了一枚悄然为其所用的棋子。

（四）棋子形象

郑庄公十多岁继承父亲郑武公的王位，成为一国之主。武姜在儿子即位后的第一件事就是为共叔段请封"制"，是否存在不轨的意图？庄公以"制"地势险要为由推辞，同意将"京"作为共叔段的封地。面对共叔段"都城过百雉"这样不合礼制的行为，祭仲向庄公劝诫。庄公以一句"姜氏欲之，焉辟害"回复，等祭仲再次劝诫的时候，庄公以"多行不义必自毙"回复。郑庄公为何不对兄弟共叔段不合礼制的行为做出制止与措施，这位深受母亲喜爱的弟弟与庄公之间并没有和睦的兄弟之情,庄公为何要答应武姜过分的要求,笔者认为庄公的意图就在那句"多行不义必自毙"中了。庄公认为若是共叔段多行不义必将祸害其身,但是如今共叔段只是违背了礼制,并没有做出十分僭越的行为,对国君没有产生巨大的威胁。一旦庄公对共叔段采取措施,就会背上兄弟不睦的坏名声,与此同时武姜肯定会为共叔段求情,若是不许,更会有不孝的罪名。对小错误采取大行动,甚至祸及自身,庄公这样一位有谋略、有心计的国君并不会这么做。共叔段使东鄙、西鄙两座郑国边邑归属自己,展露出叛逆痕迹的时候,庄公仍未采取措施,只是说了一句"无庸,将自及"。到了共叔段又收多处边邑为己所有时,庄公还是没有采取措施,称共叔段"不义不昵,厚将崩"。终于等到共叔段准备袭击郑国,而武姜打算做内应的时候,庄公派遣子封率领二百辆战车讨伐共叔段,一举挫败了共叔段的阴谋。

　　笔者认为共叔段的阴谋及其挫败都是郑庄公刻意纵容的产物,共叔段一次次不合礼制的行为更像是庄公养奸的举措。武姜在这个过程中做了庄公的棋子,但她浑然不知。庄公面对共叔段"都城过百雉""西鄙北鄙贰与己"等行为都一直隐忍不发,就是为了等一举讨伐的机会。隐忍的反应可以得到两个效果,一是忠臣进谏,忠于国君的臣子自然会对共叔段不臣的行为加以指责;二是麻痹武姜,同时也麻痹了共叔段,使其继续扩大野心。之所以不怕共叔段突然发难,从后文能够得到共叔段"将袭郑"、夫人"将启之"的情报可以看出,共叔段与武姜的举动皆处于监控之中。而那个时候,庄公也有了正当的理由讨伐共叔段,同时也避免了不孝的嫌疑。武姜在整个过程中只在请"制"时露过面,却在庄公讨伐共叔段的计划中发挥了巨大作用。文中武姜为共叔段袭郑做内应,那之前肯定有传递消息之作用,庄公利用这一点,蒙蔽了共叔段,让其没有觉察到自己的意图,而武姜这枚棋子不知不觉中帮庄公把共叔段发展到可以讨伐的地步。

　　但是,庄公讨伐共叔段这件事被记录进史书时写成"郑伯克段于鄢",用来讥讽他对兄弟疏于管教。庄公还将武姜置于城颍,并且发下"不及黄泉,无相见也"的誓言。这让庄公在这次讨伐中失掉了孝道。臣子颍考叔所表露的意图目的性太强,有刻意为庄公圆场的嫌疑。于是有了庄公"入而赋:'大隧之中,其乐也融融。'姜出而赋:'大隧之外,其乐也洩洩。'遂为母子如初。"这"初"一字很有意思,庄公母子俩似乎从来没有其乐融融,有的也只有冷漠与无情。但是这样的场面对两人都有利。庄公能够弥补孝道,母子和好如初的名声有利于其政治统治。而武姜只能接受这样的结果,不然只能待在城颍,接受小儿子被驱逐、大儿子冷酷无情的局面。武姜在最后还是成了庄公的棋子,发挥了棋子的作用来弥补庄公名声上的损失。

四、《左传》塑造武姜的艺术手法

受编年体体制约束的影响,《左传》里人物形象的塑造是"随着时间推移来分次逐步描写和完成人物形象的"①。在张蓉的《〈左传〉贵族女性问题初探》中提到了孙绿怡的关于"累积型"人物形象和"闪现型"人物形象的概念。②孙绿怡认为,"累积型"人物形象主要是重要的君王和卿士大夫,而"闪现型"人物形象指通过某一件事来展示性格的人物。此类人物形象往往稍纵即逝,但依旧能留下深刻的印象。孙绿怡说:"因为《左传》中这些形象并非历史人物的完整显现,所以在某事件或某一场合所表现出来的往往只是他们某一方面的性格要素,我们只有在同一类形象中,才能看到较为完整的人格。"③

《左传》女性形象刻画的艺术手法有多种,有的通过人物本身的行动来表现其性格。如发动晋国之乱的骊姬,作者就通过一系列的行动描写,刻画出一个有心计的女性形象。骊姬想要自己的儿子奚齐成为太子,于是使计对申生说献公晚上做梦梦到了申生的母亲齐姜,要他去祭祀她。等到申生从曲沃祭祀归来,向献公献上祭祀的胙肉,恰巧献公在外打猎。骊姬将胙肉放置了六天,并且还在其中下了毒药。等到献公发现,骊姬就诬陷申生下毒。作者虽未评价,但一个善于心计、野心勃勃的女性形象早已显现。

有的通过人物的语言来表现人物的性格及其内心世界和精神面貌。在鲁僖公十五年,晋惠公在秦国的帮助下回到晋国。但是晋惠

---

① 张蓉:《〈左传〉贵族女性问题初探》,陕西师范大学,2004年。
②③ 孙绿怡:《〈左传〉与中国古典小说》,北京大学出版社1992年版,第33页。

公失信于臣子，更是与秦国交恶，于是秦晋之间爆发了战争，晋惠公被俘。后来晋惠公归国，晋国派太子圉作为人质留在秦国，秦国归还了河东之地给晋国，并且还给太子圉娶了妻子，就是怀嬴。等到僖公二十二年，圉想要逃回晋国，让怀嬴跟他一起走。怀嬴说："你是晋国的太子却屈居在秦国。你想回去，不也很应该吗？我国君主让婢子侍候你，是为了使你安心；跟你回去，就丢弃了国君的命令。我不敢跟从，也不敢泄露。"这一段话，展现了一个既明理又做事果决的女子形象。

有的通过细节描写解释人物的内心世界或展现其性格的发展变化。如僖公三年，"齐侯与蔡姬乘舟于囿，荡公。公惧变色；禁之，不可"。蔡姬和桓公一起乘舟游玩，出于游戏的心理，蔡姬调皮地晃动小舟。桓公害怕，脸色都变了，制止蔡姬却无果。虽然蔡姬不会预料到桓公会把她送回娘家，娘家又把她嫁人，从而引发了一场战争。但是这几个简短的动词，就把蔡姬活泼好动的性格表现出来了。

也有的不注重"肖形"刻画而力求"神似"以传达出人物最基本的特质。如隐公三年，"卫庄公娶于齐东宫得臣之妹，曰庄姜。美而无子，卫人所为赋《硕人》也。"庄姜虽然无子却很美，所以卫国写了那首著名的《硕人》之诗，来赞美这位"巧笑倩兮，美目盼兮"的美妇人。还有桓公元年记载，孔父嘉之妻"美而艳"，宋国大夫华父督见之于路而惊羡不已，他被此女的美色所吸引，站在路边"目逆而送之"，甚至还因此发生了攻打孔父嘉，乃至最后杀死了宋荡公的事件。

《左传》隐公元年描写武姜的文字主要有四处，其中三处是行动、一处是语言。这四处文字虽然简短，却能够自然地显现武姜鲜明的个性。

"庄公寤生，惊姜氏。"一个"惊"字，可以想象庄公难产给武姜带来的不仅是身体上的痛楚，更有心理上的折磨，这是武姜厌恶庄公最直接、最主要的原因。武姜将母爱给了小儿子共叔段，偏爱到想立其为太子。多次向武公请求立共叔段为太子，一个"亟"字既可表现其向武公请求的次数之多，亦能侧面表现出对小儿子的喜爱以及对大儿子的厌恶。等到了共叔段准备袭击郑国的时候，武姜打算作为内应打开城门。这三处具体描写武姜的简短语言，并没有具体描述武姜的性格，但是一个毫无原则观念、任性偏心的贵妇人形象就跃然纸上了。不言人性格如何,其性格自现;不说已爱憎与否,其爱憎自明。正是杜预所谓直书其事,具文见意①。刘知几云,"不言其节操,而忠孝自彰,所谓唯书其事迹"②,并非"丝毫比录,琐细无遗"③。

武姜最后与庄公在隧洞中赋诗,"公入而赋:'大隧之中,其乐也融融。'姜出而赋:'大隧之外,其乐也洩洩。'"从字面上来看,这是一个偏爱的母亲与一个儿子和好如初的温馨场面,但正如笔者所言,庄公母子似乎从来没有其乐融融,有的也只是冷漠与无情,如何来得和好如初呢? 这样的结局是一个双方都能够接受,并且都能够受益的结局,所以能够赋诗,用以表达你好我也好的心态。

五、后世影响

《左传》中叙述了200多位女性,从本文第二部分的分析中可以看出这些女性形象风采各异,笔者将其按照五类来划分,虽不是最好的归类方式,但还是能较好地展示这些女性的性格。第三部分对武姜的形象进行了分析,其形象对后世也产生了深远的影响。

首先从思想上来讲,作者给我们塑造了一个典型的女性人物,武姜可以说是母亲偏爱从而酿成祸端的经典人物。作者通过以人物本身言行表现性格的手法,把武姜这样一位先秦时期的女性形象,尤其是贵族妇女的性格及其真实的生活情况呈现给读者。此类手法对后世文学的女性描写影响很大。成书晚于《左传》的《穆天子传》,在文学手法上多借鉴《左传》,描绘了两个女性形象——西王母和盛姬。西汉刘向所编纂的《列女传》,其故事多取材于《左传》中的女性形象。

《左传》的思想意义还在于,塑造了武姜这样一个女性形象来彰显其"书美以彰善,记恶意惩戒""寓褒贬,别善恶"的宗旨。笔者虽不同意用正反面人物、善恶形象来划分这些女性,但不否定女性是有"善"与"恶"的。作者这样的描写,具有高明的政治洞察力和思想进步性。武

---

① 杜预:《春秋经传集解序》,四部丛刊景宋本,第6页。
②③ 刘知几:《史通·内篇·叙事第二十二》,四部丛刊景明万历刊本,第178页。

姜作为一个偏心的母亲,宠爱小儿子到了可以为之背叛国家的地步,可以说武姜的偏心在共叔段反叛国家,郑庄公讨伐共叔段的过程中是起了助推作用的。

从艺术方面来讲,武姜这个女性形象只有简短的四处描写,从武姜的前三处言行中我们能够清楚地看到一个偏心成性的母亲,最后一处的赋诗行为同样能够为我们展现一个在现实面前不得不低头,对儿子妥协的武姜。其艺术手法也对后世产生了一定影响。王绍燕在文中这样写道:"在艺术方面,《左传》所首创的一系列的写人手法,几千年来为各种类型的叙事性文学作品刻画人物、塑造典型形象时所借鉴和效仿。这些塑造手法在整个作品中都贯穿始终,对后世史传文学、小说戏曲文学都产生了一定的影响。"[①]如《史记》中所表现的旁见侧出法,即在一个人物的传记中着重表现他的主要特征,而其他方面的性格特征则放到别人的传记中展示。如描写刘邦知人善任、雄才大略等性格特点主要是集中在《高祖本纪》中,而刘邦性格中狡诈、残忍、无赖的一面,则在《项羽本纪》《淮阴侯列传》等人的传记中进行补充。

作者以细腻、成熟的手法很好地刻画了武姜这位女性,为塑造其他文学形象起到了重要作用。

《左传》关于女性人物的审美标准和审美理念,对后世叙事文学产生了巨大影响,通过人物"劝善惩恶"的理念对后世文学作品起到了先导作用。刘向作《列女传》的原意也是因为赵飞燕淫乱无度,忍无可忍,故引经据典搜罗昔时贤后贞妇,呈现给汉成帝作为讽劝,力斥孽嬖为乱亡之征兆,以盼朝廷有所警悟。再如后世《三国演义》中人物形象不是红脸便是白脸,非善即恶。

后世的文学作品,在很大程度上都受到了《左传》的影响。《史记》在塑造女性形象的时候,也有着善恶之分,给以弱者同情。《左传》在春秋战国这个不重视女性的封建社会中,创造了一系列的女性形象,为后世女性树立了先例,也为文学作品中的人物形象创造了新的领域。

---

　　① 王绍燕:《〈左传〉女性形象研究》,兰州大学 2007 年硕士学位论文,第 31 页。

参考文献

[1] 张秋霞.《左传》中的女性及女性观[D].上海:上海师范大学,2013.

[2] 赵宁红. 先秦历史散文中的女性形象研究[D].西安:陕西师范大学,2013.

[3] 张晓萌.《左传》与《战国策》女性比较研究[D].汉中:陕西理工学院,2014.

[4] 高方.《左传》女性形象塑造的文化考察[J].北方论丛,2011(02).

[5] 朱永甜.《左传》女性形象研究[J]. 传奇·传记文学选刊(理论研究),
2011(01).

[6] 王海峰.《〈左传〉女性研究》评介[J].绥化学院学报,2011(06).

[7] 王绍燕.《左传》女性形象研究[D].兰州:兰州大学,2007.

[8] 张蓉.《左传》贵族女性问题初探[D].西安:陕西师范大学,2004.

[9] 王倩.《左传》中贵族女性参政问题研究[D].兰州:兰州大学,2010.

[10] 周群英. 刘向《列女传》文化诗学研究[D].开封:河南大学,2010.

[11] 余燕.《列女传》中的女性形象及女性观解读[D].湘潭:湖南科技大
学,2010.

[12] 刘兆,邵小龙.《左传》女性人物形象探析[J].丝绸之路,2009(22).

[13] 杨丽敏.《左传》女性形象研究[J]. 现代语文(文学研究版),2010(01).

[14] 吴美卿.《左传》女性人物形象及意义[J].江西社会科学,2000(06).

[15] 张瑞芳.《左传》政治婚姻下的女性形象[J].西藏民族学院学报(哲学社
会科学版),2006(04).

[16] 闫丽,唐晓天.《左传》女性人物称名的文化意义[J].古籍整理研究学
刊,2006(04).

[17] 孟庆麟.《〈左传〉女性研究》读后[J].绥化学院学报,2012(03).

[18] 谭永来.《左传》女性人物的文化意义探微[J].金田,2013(06).

[19] 曾瑾,王芳. 从《左传》到《列女传》中女性形象的变化[J].新余高专学
报,2008(06).

[20] 赵丹.《左传》中的女性形象[J].吉林华桥外国语学院学报,2008(01).

[21] 李晓静.《左传》中的女性人物形象[J].新西部(下半月),2008(08).

[22] 尹雪华.《左传》中的女性——男性叙事话语中的沉默者[J].福建师范
大学学报(哲学社会科学版),2007(02).

[23] 葛聪颖.《左传》女性人物叙述特点探微[J].理论界,2007(06).

[24] 苏楠楠. 从"人尽可夫"看《左传》女性地位[J].金田,2014(07).

[25] 李欣欣. 浅谈《左传》女性人物形象及其影响因素[J].名作欣赏,2013(15).

[26] 于淑华.《左传》所描写的女性形象[J].昭乌达蒙族师专学报(汉文哲学

社会科学版），1999（01）．

［27］漆娟．《左传》的女性悲剧形象［J］．宜宾学院学报，2004（03）．

［28］周淑舫．谈《左传》描写的正面女性形象［J］．东疆学刊，1986（02）．

［29］汤太祥．《左传》中女性形象探析［J］．安徽商贸职业技术学院学报（社会
　　　科学版），2009（01）．

南宋官吏胡太初墓志考释

张函影

摘　要　墓志是放在墓里的刻有死者生平事迹的石刻,亦指墓志上的文字,是今人了解古人时不可忽视的材料。本文基于南宋官吏胡太初墓志的拓片文字,以断句和释文的方法对其生平进行考据,厘清这位地方官吏的人生轨迹。胡太初墓志对其先祖及其为官历程概述得较为精简,乃至其家族子嗣的命运也做了提点,使得关于胡太初的信息得以完善,这足可见得这方墓志的历史价值。

关键词　胡太初;墓志;官职

位于浙江绍兴的会稽金石博物馆内收藏着众多地方墓志,这些地方名人的墓志大多记述着其生平事略或对其的悼念和安慰。其中南宋官吏胡太初的墓志因其墓志的拓片字样清晰规整可做辨析,引起了笔者的关注,笔者对其墓志试做断句释文以更全面了解官吏胡太初。由于笔者才疏学浅,多有不当之处,感谢指正。

南宋官吏胡太初墓志

先君讳太初,字太初,姓胡氏,家世台之临海。先大父丞会稽日,爱五云山水,始居于越。曾祖讳彦直,隐德弗耀。祖讳绥,赠宣教郎。考讳余潜,朝散郎,权知藤州,赠通奉大夫。妣盛氏、林氏,皆赠硕人。先君生于嘉泰三年八月甲辰,登嘉熙二年进士第,调青田尉,明年中词科,改临安府教授,建康府教授,户部架阁,国子正,太学博士,国子博士,兼景献府教授,秘书郎知全州。改广德军,又改处州,宗正丞,兼尚左郎官,主管建康府崇禧观，知江阴军。改汀州，工部郎官，兼国史院编修官、实录院检讨官，兼翰林权直、军器监。知饶州，湖南提刑右司郎中，兼国史院编修官，实录院检讨官。两浙运判，司农少卿，太府卿，提举绍兴府千秋鸿禧观。咸淳三年正月丁未，卒于正寝，享年六十有五。阶至中大夫，职至敷文阁，爵临海县开国男，食邑三百户。娶陶氏，赠令人，先十六年卒。男昱，迪功郎，临安府仁和县主簿，女玉娘，未笄。昱忍，死以明年正月乙酉奉柩，葬于会稽县五云乡厚村之原，迁母氏合葬焉。呜呼，痛哉！葬日薄，未克乞铭当世名公，姑叙岁月，纳诸幽。孤哀子昱，泣血谨书。

　　通奉大夫提举隆兴府，玉隆万寿宫，临海县开国子，食邑六百户　　　陈绮　填讳　丁元刊

关于胡太初的生平，在《中国名人志》（第七卷）当中有简要的记载，现引录如下：

　　胡太初（？—？），南宋台州天台人。宋理宗嘉熙二年（1238）进士及第。历官处州守、工部郎官。尝著《昼帘绪论》，大旨以洁己、清心、爱民、勤政为急务。①

要了解胡太初，历史资料中的记载少之又少。这方墓志为笔者了解胡太初这个人的经历起到了很直观的作用。接下来，笔者将对这方墓志做更详细的解读。

——

首先，墓志的开头介绍了胡太初的一些家世经历。"先君讳太初，字太初，姓胡氏，家世台之临海。先大父丞会稽日，爱五云山水，始居于越。曾祖讳彦直，隐德弗耀。祖讳绶，赠宣教郎。考讳余潜，朝散郎，权

---

① 澹泊：《中国名人志》（第七卷），中国档案出版社 2001 年版，第 755 页。

知藤州，赠通奉大夫。妣盛氏、林氏，皆赠硕人。""丞"：名词做动词，管理。"日"：日子、时候。"五云"：五云乡，墓志下文有再次提及"会稽县五云乡"。"宣教郎"：宋代官职名，迪功郎的别称。墓志下文又提及"男昱，迪功郎"，与此为同一官职。"朝散郎"：文散官名。隋文帝置，在八郎（见"朝议郎"）中位第四，炀帝时罢。唐为文官第二十阶，从七品上，宋同。元丰改制后以代中行员行郎、侍御史。后定为第二十一阶。金以后被废除。"权"：古代临时代理官职。"藤州"：宋朝属州，藤①，在今广西。"通奉大夫"：文散官名，宋太平兴国元年（976）改通议大夫为通奉大夫。元丰三年（1080）废。大观二年（1108）增置通奉大夫为从三品文散官。金亦置通奉大夫，秩从三品中。元升为从二品。明制通奉大夫为从二品升授之阶。清代从二品概为通奉大夫。"妣"：原指母亲，后称已经死去的母亲。"硕人"：妇人封赠之号。宋政和初年定命妇等级，大夫以上封硕人。

这部分的大意是：先君讳太初，字太初，姓胡，家族身世是在台州临海市。太初的祖父在会稽任职的时候，喜爱五云乡的山水，一开始便居住在越城这一代了。太初的曾祖父讳彦直，注重修德养性，但不示张扬，不求显耀。祖父讳绶，被赐予宣教郎一职。太初的父亲讳余潜，在做朝散郎的时候代管藤州，被赐予通奉大夫一职。太初的两位母亲盛氏和林氏都被赐予硕人的封号。

二

接着，墓志开始概述胡太初一路走来的官场经历，从一个个官职的罗列展现出他生平的经历。"先君生于嘉泰三年八月甲辰，登嘉熙二年进士第，调青田尉，明年中词科，改临安府教授，建康府教授，户部架阁，国子正，太学博士，国子博士，兼景献府教授，秘书郎知全州。改广德军，又改处州，宗正丞，兼尚左郎官，主管建康府崇禧观，知江阴军。改汀州，工部郎官，兼国史院编修官、实录院检讨官，兼翰林权直、军器监。知饶州，湖南提刑右司郎中，兼国史院编修官，实录院检讨官。两浙运判，司农少卿，太府卿，提举绍兴府千秋鸿禧观。咸淳三年正月丁未，卒

① 顾颉刚、史念海：《中国疆域沿革史》，商务印书馆1999年版，第160页。

于正寝,享年六十有五。阶至中大夫,职至敷文阁,爵临海县开国男,食邑三百户。"进士第":科举时代考选进士,录取时按成绩排列的等第。"词科":唐宋贡举科目宏词科、词学兼茂科、博学宏词科通称。宋哲宗绍圣元年(1904)设宏词科,考章表、戒谕、露布、檄书等九种文体,分上、中两等。徽宗大观四年(1110),改为词学兼茂科,加试制、诰,免试檄书。宣和三年(1121),定三年一试。南宋高宗绍兴三年(1133),改为博学宏词科,考制、诰、诏、表等十二种文体。理宗嘉熙三年(1239),改称词学科,每年一试。"临安府、建康府":在南宋时期将杭州定为临安府,洪武十五年改临安路为临安府,民国元年改临安府为临安县。建康府是在南宋时设,为东南重镇,一度作为陪都,是仅次于临安的重要军事和政治中心。"教授":府掌训导考核学生。"户部架阁":户部,管土地户口、赋税财政等事,属于六部之一。六部,是指"吏部,管官吏任免、考核、升降等事;户部,管土地户口、赋税财政等事;礼部,管典礼、科学、学校等事;兵部,管军事;刑部,管司法刑狱;工部,管工程营造、屯田水利等事"。"架"为庋物的用器,"阁"同"搁",有"载"意。"架阁"为贮存档案的木架,数格多层,便于分门别类存放和检寻。户部架阁应该是户部书记员或是文档管理者。"国子正、太学博士、国子博士":官名。北宋徽宗大观元年(1107)改国子监学正置,正九品。宣和三年(1121),改为国子正,即太学正。太学博士,官署名。"南宋太学于绍兴十二年(1142)十一月开始'措置'。"①宋初太学,尚依附于国子监中,无独立的黉舍,包括国子生在内的全部生员,仅七十人。② 国子监属全国重点文物保护单位,中国古代最高学府和官府名。西晋武帝咸宁四年(278),始立国子学,设国子祭酒和博士各一员,掌教导诸生。北齐改名国子寺。隋文帝时,改寺为学。不久,废国子学,唯立太学一所,设祭酒、博士;置太学博士,总知学事。炀帝即位,改为国子监,复置祭酒。国子博士是国子监的官员,负责教导诸生。"宗正丞":秦至东晋朝廷掌管皇帝亲族或外戚勋贵等有关事务之官。宗正为秦官。汉平帝元始四年(4),改名宗伯。新莽时又把它并入秩宗。东汉时复称宗正。宗正的具体职

① 何忠礼、徐吉军:《南宋史稿》,杭州大学出版社1999年版,第572页。
② 何忠礼:《南宋科举制度史》,人民出版社2009年版,第290页。

务是掌握皇族的名籍簿,分别他们的嫡庶身份或与皇帝在血缘上的亲疏关系,每年排出同姓诸侯王世谱。按汉代八议制的规定,宗室亲贵有罪要先请,即先向宗正申述,宗正再上报皇帝,而后便可得到从轻处置。同姓王犯法,宗正也可参与审理,如西汉时衡山王、江都王等有罪,皇帝曾派宗正协同其他官吏承办这些案件。"工部郎官":工部郎中、员外郎的通称。"南宋六部尚书皆从二品,侍郎皆从三品,郎中正六品,员外郎正七品。"①"国史院编修官":是专门为皇帝记录历史的官员。"实录院检讨官":南宋实录院置,以秘书省官或他官兼任,掌修实录。"翰林权直":按宋制,翰林院为应奉之所,与学士院有别,因此言官曾提出此官名不正,乃更改为学士院权直。然而,南宋约定俗成,翰林权直仍复用之。"军器监":古代官署名。唐武德初年有武器监,后屡废置,开元三年(715)置军器监。"太常、宗正少卿为从五品,其他寺少卿、国子司业、军器监为正六品。"②"右司郎中":在宋朝,尚书省所辖六部二十四司,分属左司和右司,左司掌管吏部(下辖司封、司勋、考功)、户部(下辖度支、金部、仓部)、礼部(下辖祠部、主客、膳部);右司掌管兵部(下辖职方、驾部、库部)、刑部(下辖都官、比部、司门)、工部(下辖屯田、虞部、水部)。左、右司各设郎中一人,员外郎一人。"两浙":亦作"两浙",浙东和浙西的合称。唐肃宗时析江南东道为浙江东路和浙江西路,钱塘江以南简称浙东,以北简称浙西。宋代有两浙路,地辖今江苏省长江以南及浙江省全境。今浙江省以富春江等为界分为浙东、浙西,两浙指浙江省。"运判":古代官名。宋代始于转运使、发运使下设判官,职位略低于副使,称转运判官、发运判官,简称"运判"。"司农少卿":北魏、宋代官职名,北魏时期为大司农少卿省称,宋代时期为司农寺少卿省称,为司农寺副长官,正六品官。"太府卿":官名。南朝梁武帝置,掌金帛财帑。陈沿置,北魏依南朝制度设置。从北齐经隋、唐至宋,均以太府卿为太府寺主官。辽、金、元改寺为监,主官亦因而改称太府监。"绍兴府千秋鸿禧观":千秋观,古迹名,唐贺知章旧宅,在浙江省绍兴县东北。其后改名天长观,宋改名鸿禧观,明改名明真观,今称道士庄。"阶":等级。

---

① 何忠礼、徐吉军:《南宋史稿》,杭州大学出版社1999年版,第502页。
② 同①,第504页。

"开国男"：爵位，有五种爵位：公侯伯子男。"食邑"：中国古代诸侯封赐所属卿、大夫作为世禄的田邑（包括土地上的劳动者在内），又称采邑、采地、封地。古代中国之卿、大夫世代以采邑为食禄，称为食邑。盛行于周。分封以宗法制度为依据，大小按封爵等级而定。卿、大夫在食邑内享有统治权利并对诸侯承担义务。食邑原为世袭。战国时食邑主相互兼并，世袭制度废弛。秦汉推行郡县制，承受封爵者在其封邑内渐无统治权利，食禄已改为以征敛封邑内民户赋税拨充，其数量按民产计算，与周代按田邑大小区分者不同。食邑随着爵位黜升而损益，亦得世袭。

在疏通了这些官职名后，这段墓志的大意也能更清楚地理解了。太初出生在嘉泰三年八月甲辰之时。嘉熙二年，他考中进士第，被调遣做了青田尉，第二年考中词科，被更换做了临安府、建康府教授、户部架阁、国子正、太学博士、国子博士，兼景献府教授，在做秘书郎的时候管理泉州。然后太初被调去治理广德，又被更换派遣到初州，做宗正丞，兼尚左郎官，主管建康府崇禧观，治理江阴。后来被调去治理汀州，做工部郎官，兼国史院编修官、实录院检讨官，并且太初当时也兼任翰林权直和军器监。在治理饶州的时候，太初是湖南的提刑右司郎中，兼国史院编修官和实录院检讨官。在任职两浙运判期间，太初作为司农少卿和太府卿管理着绍兴府千秋鸿禧观。咸淳三年正月丁未，太初在正寝去世，享年六十五岁。太初的官级到了中大夫，职位在敷文阁，爵位是临海县的开国男，享受着三百户人家的俸禄。

<h1 style="text-align:center">三</h1>

最后，墓志回归到胡太初的家庭，介绍了他的妻子以及题志者的书写情感。"娶陶氏，赠令人，先十六年卒。男昱，迪功郎，临安府仁和县主簿，女玉娘，未笄。昱忍，死以明年正月乙酉奉枢，葬于会稽县五云乡厚村之原，迁母氏合葬焉。呜呼，痛哉！葬日薄，未克乞铭当世名公，姑叙岁月，纳诸幽。孤哀子昱，泣血谨书。""令人"：宋政和二年，定外命妇封号为九等，即国夫人、郡夫人、淑人、硕人、令人、恭人、宜人、安人、孺人。太中大夫以上官员之妻封令人。"主簿"：古代官名，是各级主官属下掌管文书的佐史。魏、晋以前的主簿官职广泛存在于各级官署中。

隋、唐以后,主簿是部分官署与地方政府的事务官,重要性减少。"奉枢":死者并非在自己的家乡死亡,所以由亲属将灵枢带回家乡安葬,落叶归根。有一种扶枢之说,大意相同:在亡者的棺木运送过程中,会由亡者的亲近之人(一般为八人)抬着灵枢前进,意为护送亡者最后一程,此为扶灵。中国(汉族)传统葬礼中的一种习俗按照汉族传统的丧葬习俗,为亡人沐浴、更衣,将其装入棺木内,进行一系列仪式之后,运送至山荫福地,连同棺木一起埋入土中,并垒土为丘,此为土葬。

这一部分的大意是:太初娶了妻子陶氏,赐予陶氏令人的封号,陶氏比他早十六年去世。他的儿子昱,是迪功郎,担任临安府仁和县的主簿,他的女儿玉娘,还没有成年。昱忍着悲痛,在第二年的正月乙酉将父亲太初的灵枢抬奉着葬在会稽县五云乡厚村,并将母亲的灵枢迁至一起合葬在那里。呜呼,着实让人痛心!下葬的时间紧迫,没有能够乞求铭刻上当时的贵族达官,姑且叙述一番太初的生平岁月,来接纳所有的幽灵。我为太初的儿子昱而哀伤,泪尽血出地写下这篇墓志。

通过对胡太初墓志的解读,笔者从中看到胡太初从官经历的丰富性,他似乎从未曾停止过自己的脚步,在其他的文献中也常提到他的"洁己、清心、爱民、勤政"思想,在墓志开头也提到胡太初的祖父"隐德弗耀"的品性,从侧面展现出其家族的淡然处世之道。总之,南宋官吏胡太初的墓志是一方富有文献史料和历史文化价值的资料,为研究墓主生卒年月、履历、子嗣和生平都提供了宝贵的线索,值得被珍藏和探究。

参考文献

[1] 何忠礼,徐吉军.南宋史稿[M].杭州:杭州大学出版社,1999.

[2] 靳阳春.宋元汀州经济社会发展与变迁[D].福州:福建师范大学,2011.

[3] 金纹漪.南京出土墓志语词释证[A].湖北函授大学学报,2017(5).

[4] 林敬.从《临汀志》看宋代的长汀[C].福建省图书馆学会2008年学术年会论文集,2008.

[5] 李宏利.明清上海士人群体寿命探析[A].史林,2014(6).

[6] 时运生.论勤政的古代涵义及其历史地位[J].地方政府管理,1999(1).

[7] 宋晴.宋代官箴研究[D].新乡:河南师范大学,2014.

[8] 张峋.临海出土的三通明代陈氏墓志考论[A].台州学院学报,2013(5).

《明史·钱宰传》勘误一则

杜建鑫

　　摘　要　本文先据会稽金石博物馆藏钱宰墓志进行考释，后搜罗与钱宰生平相关的各种传世文献，再以墓志志文所记时间轴为主线粗拟钱宰行年，并运用传统校勘法分层比类，就钱宰生平的若干问题进行了探讨，确切勘定《明史·钱宰传》错误一则。

　　关键词　钱宰墓志；传世文献；行年；校勘；《明史·钱宰传》

引　言

　　绍兴市越城区坡塘村会稽金石博物馆的墓志拓卷室内有一幅明初宿儒钱宰的墓志拓卷，经仔细阅读，笔者发现该墓志拓卷与《明史·钱宰传》在内容上出入甚大。又查前人相关研究，发现其所搜罗的文献证据甚少，且尚无专门就钱宰生平进行深入探讨的文章，故笔者不揣浅陋，作此文以期求得钱宰生平史实，或差可微补相关领域之缺失。

一、钱宰墓志

　　据会稽金石博物馆张笑荣馆长所言，该钱宰墓志系其多年前购于文物市场之物。笔者在撰此文过程中均不对其预存真假，拟结合其与传世文献（不仅仅是《明史》）进行全面而客观的比较，列出客观事实，提出客观问题，并就钱宰生平的若干问题进行客观探讨。

（一）墓志内外形制

会稽金石博物馆藏钱宰墓志长 42.5 厘米，宽 35 厘米，所志文为楷书，除首题墓志名（10 字）和末缀填讳信息（13 字）外，其正文分前后两部分，共 23 行（其中正文 21 行），每 27 字满一行（"皇"字出头，故有一行为 28 字），除却空格，总计 563 字（其中正文 540 字）。

又据该墓志内容可知，其全名作"大明国子博士钱公圹志"，正文前一部分记钱宰姓字、家世及其入明以前履历，后一部分记其入明以后直至逝世的经历及其妻、子孙的情况等，为其长子钱□所志，由时任绍兴知府的李庆为其填讳，是一通有志无铭的明初墓志。

（二）墓志原文及其注文

以下是笔者谨据墓志所录原文（标点与括号内随文注皆为笔者所加）：

大（该字提行）明国子博士钱公圹志

公（该字提行）讳宰，字伯均，其先杭之临安人，吴越武肃王十四世孙，宋丞相魏国忠靖公讳象祖之玄孙也。丞相之高大父宋驸马都尉彭城王讳景臻者，绍兴间赐第于台。丞相之孙讳应孙，字□之，仕宋直华文阁兼绍兴府司马，始自台迁会稽，乃公之大父也。考讳国熙，字德和，姓吴氏。以皇庆（即元仁宗壬子年—癸丑年，即 1312—1313 年）甲寅（即元仁宗延祐元年，1314 年。核诸《元纪年表》，"甲寅"者唯元仁宗延祐元年而已，换言之，此"甲寅"与"皇庆"相互矛盾。若以该墓志下文"建文三年八月二十日，卒于正寝，得寿八十有八"为准，则钱宰生年有两种可能：一则为延祐元年甲寅年，即 1314 年，"八十有八"盖虚岁也；一则为皇庆二年癸丑年，即 1313 年，"八十有八"盖周岁也。严格论之，若取"皇庆二年癸丑"为是，则自 1313 年农历七月八日至 1401 年农历八月二十日，钱宰在世时间已然超过八十八年；而若取"延祐元年甲寅"为是，则自 1314 年农历七月八日至 1401 年农历八月二十日，钱宰在

世时间虽未足八十八年，但也已然超过八十七年，故笔者倾向
于取"延祐元年甲寅"为是，即墓志原文中的"皇庆甲寅"乃"延
祐甲寅"之误也）七月八日生。幼好学，凡经史及百氏之书，无
不读，尤长于古文辞。是时，元方以科举取士，人争趋之，公无
意焉。父母强之，乃一起遂中壬寅（核诸方诗铭先生编《元纪
年表》，"壬寅"者唯大德六年即 1302 年、至正二十二年即
1362 年而已，又据传世文献知钱宰不可能出生在 1302 年以
前，故此"壬寅"定非 1302 年，而是 1362 年。其次，若此"壬
寅"二字无误，则据此志文推知钱宰当 49 岁。然疑此为"庚
寅"之误，亦即"至正十年即 1350 年"之误。）乡试。明年（元至
正二十三年即 1363 年，据此志文推知钱宰当 50 岁。然若前
文确为"庚寅乡试"之误，则此明年即"至正十一年"），当上春
官（指参加会试），以亲老辞，不行，归，教授于乡。

　　皇（此处行款特殊，该字提行且出头。）明□天下（指明洪
武元年即 1368 年），首征用郡国儒士，有司以例遣赴□（此处
空格，无字）京（即南京），遂与诸儒编功臣事迹及修《元史》，寻
以病免，归。洪武癸丑（洪武六年即 1373 年），□（此处空格，
无字）召授国子助教。五年（洪武十年即 1377 年，据此志文推
知钱宰当 64 岁），其所造就为多，后以老病辞，升文林郎、国子
博士，致仕，还乡。洪武甲戌（洪武二十七年即 1394 年，据此
志文推知钱宰当 81 岁），复□（此处空格，无字）召会诸儒校书
翰林，入则侍□（此处空格，无字）坐，食则侍□（此处空格，无
字）膳，□（此处空格，无字）赐絮衣一袭，被一事，遣行人护送
回家。日以著书为乐，中外达官、四方游士求为文者辐辏于
门。有《临安集》五卷。为人恭谨，无少长，皆为尽礼。至老，
神气清明，手不释卷，前后四考浙江乡试，一考江西乡试，一考
会试礼部，凡六主文衡，所得门下士尤众。建文三年（辛巳年
即 1401 年）八月二十日，卒于正寝，得寿八十有八。娶陈氏，
长二岁，先十年卒，以子□得仕，赠孺人。生男六人：长曰□，
夙承家学，入皇（此处行款特殊，该字提行且出头。）朝，縣首科
进士，今为徽州府祁门县知县；次曰纶，以贤良起家，官至监察

御史;次曰纲、曰绪,皆蚤卒;次曰黼、曰黻也。女一人,曰恒,适上虞管云。孙男五人:曰寅、曰旃、曰申、曰壬、曰庠。孙女八人。明年(建文四年即1402年)二月廿九日壬午,葬于山阴承务乡湖马山之原,未克乞铭于当代立言君子,姑叙岁月,纳诸幽。孤哀子□泣血志。

中顺大夫绍兴府知府李庆(见万历十五年刊《绍兴府志·卷之三十八·人物志四·名宦后》:"李庆,顺义人。洪武末,以国子生署右佥都御史,授刑部员外郎,出知绍兴。"①亦见《明史·卷一百五十·列传第三十八·李庆传》:"洪武中,以国子生署右佥都御史,后授刑部员外郎,迁绍兴知府。永乐元年召为刑部侍郎"②)填讳(此处行款特殊,该句居中偏左)。

二、"非墓志"钱宰传

核诸传世文献,关于钱宰生平的记载主要有以下七种(限于篇幅,除《明太祖实录》外,其余六种文献皆存目省文):

(一)《明太祖实录》所载

校印国立北平图书馆藏红格本《明太祖实录·卷之一百十一·洪武十年正月至四月》③(前附明永乐十六年夏原吉等所上表)中相关记载如下(标点与括号内随文注皆为笔者所加):

> 三月己卯朔,国子助教钱宰以年老乞致仕,上许之,敕授文林郎国子博士致仕。敕曰:"朕昔戡定四方,即开学校,延师儒,俾勋贤之子弟、凡民之俊秀,莫不从学,教以经史六艺,明体适用,布列中外,以共保太平于无穷。国子学助教钱宰,学问老成,训导有方,在学数年,俾有成效。朕方嘉诸生有所矜式,而年满七十,恳辞还乡,特授文林郎国子博士致仕。尔尚

---

① 萧良干等:《绍兴府志(据明万历十五年刊本影印)》,成文出版社1983年版,第2550页。
② 张廷玉等:《明史》,中华书局1974年版,第4160页。
③ 夏原吉等:《明太祖实录》,台湾"中研院历史语言研究所"1962年版,第1848页。

师表一乡,训诱后进,以裨治政,庶几不愧古者乡大夫之教,则朕犹有望焉。"宰,会稽人,博学能文,后二十年(明太祖洪武三十年,1397年)卒于家。

(二)《南雍志》所载

明嘉靖二十三年(甲辰年,1544年)刻《南雍志·卷二十三·列传四·钱宰传》①。

(三)《会稽县志》所载

明万历三年(乙亥年,1575年)刊《会稽县志·第十一卷·礼书三·人物·列贤》②。

(四)《绍兴府志》所载

明万历十五年(丁亥年,1587年)刊《绍兴府志·卷之四十三·人物志九·乡贤之四儒林·钱宰传》③。

(五)《曝书亭集》所载

清初朱彝尊撰《曝书亭集·第六十三卷·传二·钱宰传》④。

(六)《明史》所载

清张廷玉等修《明史·卷一百三十七·列传第二十五·钱宰传》⑤。

(七)《临安集》等其他文献相关记载

《钦定四库全书·集部六·别集类五·明·临安集·提要》⑥。

除以上清人所加《提要》外,钱宰所著《临安集》中尚有如下七条相

---

① 该内容为笔者核实"中国基本古籍库"相应版本纸质原稿图后录入。
② 张元忭:《会稽县志(据明万历三年刊本影印)》,成文出版社1983年版,第458—459页。
③ 萧良干等:《绍兴府志(据明万历十五年刊本影印)》,成文出版社1983年版,第2980—2981页。
④ 原书未加现代页码,故页码暂略。
⑤ 张廷玉等:《明史》,中华书局1974年版,第3955页。
⑥ 所引原文为笔者核实"中国基本古籍库"相应版本纸质原稿图后录入,下同。

关记载(其中,除第二条出自国图藏明祁氏淡生堂抄本《临安集》外,其余六条皆先列自《钦定四库全书》本《临安集》中所摘引的内容,再列国图藏明祁氏淡生堂抄本《临安集》①的相应内容情况。又,标点与括号内随文注皆为笔者所加):

第一条,《自序》:洪武二十九年(丙子年,1396年)岁次甲戌日长至,("日长至"者,盖夏至也)临安钱宰叙。〔杜按:国图藏明祁氏淡生堂抄本《临安集》共十卷,分为《临安诗集》五卷和《临安文集》五卷,且各有一篇钱宰序。其中,《临安文集叙》与《钦定四库全书》六卷本《临安集》中的《自序》内容相同,以下为国图藏明祁氏淡生堂抄本中两篇钱宰序末尾所书内容——《临安诗集叙》:洪武二十九年(丙子年,1396年)春三月初,吉,临安钱宰叙。《临安文集叙》:洪武二十九年(丙子年,1396年)岁次甲戌日长至,临安钱宰叙。〕

第二条,《卷之一·四言诗·拟历代帝王庙颂自叙》:洪武二十七年,岁在甲戌,九月甲子。(杜按:此条摘引自国图藏明祁氏淡生堂抄本《临安诗集》,相应内容不见于《钦定四库全书》六卷本《临安集》。)

第三条,《卷三·序·会试小录序》:洪武二十三年(庚午年,1390年)冬十二月初,吉,皇帝御奉天殿诏:"天下三年大比,宾兴贤能。"明年春,合天下士会试于春官(此指礼部)……(杜按:国图藏明祁氏淡生堂抄本在《临安文集·卷之一·论叙·会试小录叙》,相应内容中少一"奉天殿"的"殿"字。)

第四条,《卷三·序·江西乡试小录序》:洪武二十六年(癸酉年,1393年),江西承宣布政使张公文郁、提刑按察使解公敏以明年大比……宰也获与司衡……(杜按:国图藏明祁氏淡生堂抄本在《临安文集·卷之一·论叙·江西乡围小录叙》,相应内容同。)

第五条,《卷四·记·知止斋记》:八年(洪武八年,1375年)冬,诏:"天下士凡寄迹佛老而有志于圣贤之学者,入国子学,俾习知天理民彝,然后授之政焉。"余助教庠舍间……(杜按:国图藏明祁氏淡生堂抄本在《临安文集·卷二·记·知止斋记》,相应内容同。)

第六条,《卷五·记·永思亭记》:先世故居在临海者,宋思陵(指宋

---

① 相关原稿图片见于中国国家图书馆官网 http://www.nlc.cn/,兹不赘述。

高宗赵构）所赐第也……今吾钱氏至汝贤且十有七世矣……汝贤字士俊，与宰同出太师丞相忠靖公云。（杜按：国图藏明祁氏淡生堂抄本在《临安文集·卷二·记·永思亭记》，相应内容同。）

第七条，《卷六·杂着·金陵形胜论》：洪武二十七年（甲戌年，1394年）六月初，吉，文林郎国子博士致仕臣钱宰进。（杜按：国图藏明祁氏淡生堂抄本在《临安文集·卷之一·论叙·金陵形胜论》，相应内容中少一"吉"字。）

除《临安集》外，其他相关文献①记载如下：

第一则，明代叶盛（约永乐十八年—成化十年，即1420—1474年）撰《水东日记·卷四》（标点与括号内随文注皆为笔者所加）：……同诸儒修纂《尚书会选》《孟子节文》，公退微吟曰："四鼓冬冬起着衣……"后未几，皆遣还，宰以国子博士致仕……宰尝自书门帖曰："一门三致仕，两国五封王。"唐昭宗赐勑、宋宣和（宋徽宗）所赐"吴越家寶"铜印一斤重，今藏其家，铁券、王像在台郡长房。

第二则，明代陈全之撰《蓬窗日录》（明嘉靖四十四年刻本）中记载了"《早朝诗》事件"，提到"曷不用忧字"五字。

第三则，明代蒋一葵撰《尧山堂外纪》（明刻本）记载了钱宰参与修《书传会选》《孟子节文》事，以及"《早朝诗》事件"。

第四则，明代程敏政撰《篁墩集》（明正德二年刻本）提到了钱宰的一篇画序。

第五则，明代程敏政撰《皇明文衡·卷之四十一·序》（四部丛刊景明本）收录了贝琼所撰《送周逊学赴长洲儒学教谕序》，其中有"今年春，予与会稽赵俶、钱宰，金华郑涛同被召至京师，授国子助教"文。

第六则，明代焦竑辑《国朝献征录·卷七十三·国子监》（明万历四十四年徐象橒曼山馆刻本）中录有黄佐撰《国子监博士钱宰传》，其内容与《南雍志》中所记基本相同，只稍多润色之笔，关键信息皆无二致。

第七则，明代何乔远撰《名山藏》（明崇祯刻本）中记载了钱宰于洪武十年以国子博士致仕还乡之事，且亦提到了几句所谓诏谕之语。

---

　　① 所引原文为笔者核实"中国基本古籍库"相应版本纸质原稿图后录入。

此外,在明代过庭训撰《本朝分省人物考》(明天启刻本)、明代陈建撰《皇明通纪法传全录》(明崇祯九年刻本)等许多亦相对晚出的文献中仍有关于钱宰的记载,但内容上显系抄录前代传世文献,并无新证,故不再一一赘述。

三、钱宰生平若干问题商榷

梳理上述相关材料后,笔者将先通过考订钱宰行年的方式对钱宰生平若干问题中的部分进行探讨,并对几个不便在行年考订中探讨的问题单独列出进行讨论。

(一)钱宰行年考略

据以上所列文献,笔者试为钱宰行年做一初步考订,相关内容如下:

(1)元仁宗延祐元年甲寅(1314),钱宰1岁。

《大明国子博士钱公圹志》:以皇庆甲寅七月八日生。

杜按:"皇庆"即元仁宗壬子年(1312)和癸丑年(1313),而核诸《元纪年表》,知"甲寅"即元仁宗延祐元年1314年,此"皇庆"与"甲寅"相互矛盾,不可同存。若以该墓志下文"建文三年八月二十日,卒于正寝,得寿八十有八"为准,则钱宰生年有两种可能:一则为延祐元年(1314),"八十有八"盖虚岁也;一则为皇庆二年(1313),"八十有八"盖周岁也。严格论之,若取"皇庆二年癸丑"为是,则自1313年农历七月八日至1401年农历八月二十日,钱宰在世时间已然超过八十八年;而若取"延祐元年甲寅"为是,则自1314年农历七月八日至1401年农历八月二十日,钱宰在世时间虽未足八十八年,但也已然超过八十七年,故笔者倾向于取"延祐元年甲寅"为是,即墓志原文中的"皇庆甲寅"乃"延祐甲寅"之误也。

《绍兴府志》:钱宰,字子予,山阴人。

杜按:除《绍兴府志》以钱宰为"山阴人"(同书卷三二《选举志·举人》中又提到"至正十年,会稽钱宰,一云山阴人")外,其他相关文献(如《明太祖实录》)均以钱宰为"会稽人"。虽然当时绍兴的治所在山阴,且墓志云钱宰葬于山阴,但这两点与钱宰是否为山阴人之间无必然联系。又历代《山阴县志》中均未见钱宰传,而万历三年刊《会稽县志》中钱宰传赫然在目,故笔者认为钱宰当属会稽人,所谓"山阴人"者盖属误传也。

(2)元惠宗至正二十二年壬寅(1362),钱宰49岁。

《大明国子博士钱公圹志》:父母强之,乃一起遂中壬寅乡试。

杜按:核诸《元纪年表》,"壬寅"者唯大德六年(1302)、至正二十二年(1362)而已,而据传世文献及该墓志分析,知钱宰不可能在1302年时已达七岁甚至七岁以上(钱宰在《临安集》自序中所题写的时间是"洪武二十九年",可见其至少活到了1396年。若以传世文献中所记九十六岁计算,那么,最早也不过出生于1300年,试想一个三岁左右的孩子又何以中乡试呢?若依墓志中所记逝于"建文三年"且"得寿八十有八",则1302年时钱宰尚未出生),故此"壬寅"定非大德六年(1302),而是至正二十二年(1362)。

(3)元惠宗至正二十三年癸卯(1363),钱宰50岁。

《大明国子博士钱公圹志》:明年,当上春官,以亲老辞,不行,归,教授于乡。

《会稽县志》:元至正间,以进士归隐。

《绍兴府志》:至正间,以进士归隐。

《曝书亭集》:元至正间,中甲科,以亲老教授乡里。

《明史》:至正间中甲科,亲老不仕。

杜按:据前文所推"壬寅乡试"在至正二十二年(1362),则"明年"为元至正二十三年(1363),钱宰50岁。又据志文"当上春官,以亲老辞,不行,归(所谓'不行,归',盖钱宰当时并不在家,或在北京某处准备会试,听闻双亲有恙,故未参加会试便赶回家乡)",则钱宰未曾参加当年的会试,即未曾中过进士。此与传世文献所言"进士"或"中甲科"不符。又《绍兴府志·卷三十三·选举志·进士》中"至正十一年,文允中榜:会稽邵仲英　钱宰"[1]。虽赫然在目,但核诸国图藏《至正十一年进士

①　萧良干等:《绍兴府志(据明万历十五年刊本影印)》,成文出版社1983年版,第2285页。

题名(碑)》①拓文图照、罗振玉撰《金石萃编未刻稿·卷中·元辛卯会试题名记》②以及《中国科举辞典·进士名录(唐至元)》③,知元至正十一年文允中进士榜中无"钱宰"。盖传世文献所谓进士者,误传也。

(4)明太祖洪武二年己酉(1369),钱宰56岁。

《大明国子博士钱公圹志》:皇明□天下,首征用郡国儒士,有司以例遣赴京,遂与诸儒编功臣事迹及修《元史》,寻以病免,归。

《南雍志》:洪武二年,以儒士举为国子助教。

《绍兴府志》:高皇帝首以明经征,令撰功臣诰命,与诸儒同修礼乐诸书,寻以病归。

《曝书亭集》:洪武初,征修礼乐书,寻以病还。

《明史》:洪武二年征为国子助教。

杜按:志文及《绍兴府志》《曝书亭集》中皆言及洪武初被征事,但均未提到"国子助教",只有明代黄佐所撰《南雍志》与清代所修《明史》中明确记载钱宰于洪武二年被授国子助教事。又《南雍志·卷一·事纪一》中提到洪武六年钱宰和贝琼同被授国子助教事,与明代程敏政《皇明文衡·卷之四十一·序》中所录贝琼撰《送周逊学赴长洲儒学教谕序》"授国子助教"之言恰相吻合。盖钱宰曾于洪武二年、洪武六年两次赴京、两受国子助教之职耶? 抑或洪武二年实未受国子助教之职,而黄佐想当然耶?

(5)明太祖洪武六年癸丑(1373),钱宰60岁。

《大明国子博士钱公圹志》:洪武癸丑,召授国子助教。

《南雍志》:洪武六年春正月,召儒士赵俶、钱宰、贝琼、郑涛至京师,授俶博士,宰及琼皆助教,涛学正。

《绍兴府志》:洪武六年,授国子助教,务以礼度绳诸生。

《曝书亭集》:六年,授国子监助教。

杜按:志文与传世文献皆言洪武六年钱宰受国子助教事,然《曝书亭集》所谓"国子监助教"者,稍有不当。盖《明太祖实录·卷一四三》云

① 原件图片见于中国国家图书馆官网 http://www.nlc.cn/,兹不赘述。
② 罗振玉:《金石萃编未刻稿(民国七年上虞罗氏石印本)》,江苏古籍出版社1998年版,第537—538页。
③ 翟国璋:《中国科举辞典》,江西教育出版社2006年版,第1208—1315页。

"丙辰,改国子学为国子监"①,所谓"丙辰"者,核诸《明太祖实录》前文,即洪武十五年(1382)农历三月七日;也就是说,"国子监助教"之称对于钱宰而言要等九年之后才能"名副其实",洪武六年的"国子助教"全称当是"国子学助教"而非"国子监助教"。

(6)明太祖洪武八年乙卯(1375),钱宰62岁。

《临安集·卷四·记·知止斋记》:八年冬,诏天下士凡寄迹佛老而有志于圣贤之学者,入国子学,俾习知天理民彝,然后授之政焉。余助教庠舍间……

杜按:该诏书以"寄迹佛老"相称,以"有志于圣贤"相诱。可见当时整个国家的读书人多处在一种隐居的状态之中,亦可见当时作为新任最高统治者的朱元璋对国家教育和国家干部培养的重视。

(7)明太祖洪武十年丁巳(1377),钱宰64岁。

《大明国子博士钱公圹志》:五年,其所造就为多,后以老病辞,升文林郎、国子博士,致仕,还乡。

《明太祖实录》:三月己卯朔,国子助教钱宰以年老乞致仕,上许之,敕授文林郎国子博士致仕。敕曰:"……朕方嘉诸生有所矜式,而年满七十,恳辞还乡,特授文林郎国子博士致仕。尔尚师表一乡,训诱后进,以裨治政,庶几不愧古者乡大夫之教,则朕犹有望焉。"……后二十年卒于家。

《南雍志》:十年三月己卯朔,以年老陈情乞休,上许之,敕授文林郎国子博士致仕。敕曰:"……朕方嘉诸生有所矜式,而年满七十,恳辞还乡,特授文林郎国子博士致仕。尔尚师表一乡,训诱后进,以裨治政,庶几不愧乡大夫之教,则朕犹有望焉。"

《曝书亭集》:十年三月,以年老告归,帝许之。敕曰:"……朕方喜诸生有所矜式,而年满七十,恳辞还乡,特授文林郎国子博士致仕。尔尚师表一乡,训诱后进,庶几不媿古乡大夫之教,则朕犹有望焉。"

《明史》:十年乞休。进博士,赐敕遣归。

杜按:志文与传世文献都提到了钱宰以老乞休、升迁国子博士及致仕还乡之事,但明代中叶黄佐所撰《南雍志》与清代初期朱彝尊所撰《曝

① 夏原吉等:《明太祖实录》,台湾"中研院历史语言研究所"1962年版,第2248页。

书亭集》中均多出一份朱元璋的敕谕(此敕谕在明代焦竑辑《国朝献征录》、明代何乔远撰《名山藏》中亦曾提及),其内容基本一致,盖皆源于《明太祖实录》也。该敕谕除透露出钱宰就任国子助教期间工作成绩显著以及朱元璋殷切期望其致仕后继续发挥教育乡里作用的信息外,还提供了一个特别关键的信息"而年满七十"。若此"年满七十"为实指,则钱宰于洪武十年(1377)时70岁,于洪武二十九年(1396)时89岁,于洪武三十年(1397)时90岁,与《南雍志》下文"二十七年四月……是年四月……九月己酉……又三年,宰乃卒,寿九十六"自相抵牾。相对于《南雍志》,后出的《曝书亭集》或有鉴于此,未提及钱宰卒年,只言其"年九十六乃卒",然即便按志文所言死于建文三年(1401),钱宰至死也只有九十四岁。故《曝书亭集》所言"年九十六乃卒"恐亦未可轻信。若此"年满七十"为虚指,则钱宰于洪武十年(1377)时76岁,于元至正十一年(1351)时50岁,于元成宗大德六年(1302)时1岁,亦通,只是与志文所载不相符。

当然,如果置"寿九十六"于不顾,只据《明太祖实录》所记,且以"年满七十"为实指七十岁,则以钱宰逝世于洪武三十年,年寿九十,亦无不可。若以"年满七十"为虚指,即以之为七十岁以上,则仅以《明太祖实录》为准便暂时无法得出一个确切的钱宰年寿数值。不过,无论哪一种可能,亦均与志文所载不相符。

如上四种可能,未知孰是。笔者曾就此问题向中国第一历史档案馆征询是否存有此敕谕原件,该馆回复查无此诏。

(8)明太祖洪武二十三年庚午(1390),钱宰77岁。

《大明国子博士钱公圹志》:……一考会试礼部……

《曝书亭集》:二十三年,召为会试考官。

杜按:此属志文与《曝书亭集》相印证处之一。然核诸《皇明贡举考》,洪武二十三年只有乡试,并无会试,洪武二十四年才有会试。若《曝书亭集》此条信息为真,则钱宰于会试前一年已受会试考官之职,盖亦参与会试之筹备工作矣。

(9)明太祖洪武二十四年辛未(1391),钱宰78岁。

《大明国子博士钱公圹志》:……一考会试礼部……

《临安集·卷三·序·会试小录序》:洪武二十三年冬十二月初,

吉，皇帝御奉天殿诏：“天下三年大比，宾兴贤能。”明年春，合天下士会试于春官（此指礼部。）……

杜按：此属志文与《临安集》相印证处之一。合此二者与《曝书亭集》《皇明贡举考》①之相关记载，则钱宰于洪武二十三年受会试考官之职，于洪武二十四年参与此次会试礼部的改卷等工作。

（10）明太祖洪武二十六年癸酉（1393），钱宰 80 岁。

《大明国子博士钱公圹志》：……一考江西乡试……

《临安集·江西乡试小录序》：洪武二十六年，江西承宣布政使张公文郁、提刑按察使解公敏以明年大比……宰也获与司衡……

杜按：此属志文与《临安集》相印证处之一。合此二者可知，钱宰作为江西乡试考官之一参与相关工作，盖在洪武二十六年也。

（11）明太祖洪武二十七年甲戌（1394），钱宰 81 岁。

《大明国子博士钱公圹志》：洪武甲戌，复召会诸儒校书翰林，入则侍坐，食则侍膳，赐絮衣一袭，被一事，遣行人护送回家。

《南雍志》：二十七年四月，上观蔡氏《书传》……诏征天下儒臣定正之……唐铎等举宰……是年四月，至京师……刘三吾总其事，礼遇甚厚。时建酒楼初成，赐宰等钞，宴其上……谕旨诸儒：“有年老愿归者，先遣之。”宰齿最高，与众皆请留……九月己酉，书成，赐名《书传会选》……令驰传归其乡。

《会稽县志》：……转博士，仍校书翰林。一日，上命作《金陵形胜论》，大称旨。后思归，因口占一绝（即后世所传钱宰的《早朝诗》）于朝房……上知其去志已决，遂允其请。

《绍兴府志》：洪武二十七年，再召校书翰林。……宰与学士刘三吾特承眷倚，每进见，必赐坐，侍食。年几耋（即年七十至八十），疏乞骸骨再三，乃允，仍遣行人护之归。

《曝书亭集》：二十七年，有诏征儒臣定正《尚书蔡氏传》，宰暨……皆被召……其一曰醉仙，命宰等饮其上，并给以钞……谕旨诸儒：“有年耄（即年七十至九十）思归者，先遣之。”金对曰：“愿留。”帝大悦。书成，

①　《皇明贡举考》相关内容为笔者核实“中国基本古籍库”相应版本纸质原稿图后录入，下同。

宰寻告归,帝命驰传还里。

《明史》:至二十七年,帝观蔡氏《书传》……征天下宿儒订正之……唐铎举宰……刘三吾总其事。江东诸门酒楼成,赐百官钞,宴其上……谕诸儒年老愿归者,先遣之。宰年最高,请留。帝喜。书成,赐名《书传会选》……令驰驿归。

《临安集·卷六·杂着·金陵形胜论》:洪武二十七年六月初,吉,文林郎国子博士致仕臣钱宰进。

杜按:其一,除《会稽县志》与《临安集》能证明《金陵形胜论》为钱宰奉旨作于公元1394年农历六月初外,志文与其他传世文献(包括《会稽县志》)皆提到了校书之事,其中《南雍志》《曝书亭集》与《明史》均明确了所校之书为蔡氏《书传》。其二,《南雍志》《绍兴府志》与《明史》都记载了此次校书的总负责人为刘三吾。其三,《南雍志》《曝书亭集》与《明史》都记载了御赐酒楼宴之事,且都提到了宴后一封"年老愿归者,先遣之"的谕旨和钱宰等人的请留,以及最终的书成送归——《南雍志》与《明史》还明确了该书校成之后被赐名《书传会选》。其四,志文与《绍兴府志》都只着重提了钱宰所受礼遇甚厚及其被送归事,未言赐酒楼宴和书成赐名等事。其五,《会稽县志》中还记载了后世所谓"《早朝诗》事件",且不言送归,只提到"遂允其请"四字。

(12)明太祖洪武二十九年丙子(1396),钱宰83岁。

《临安集·临安诗集叙》:洪武二十九年春三月初,吉,临安钱宰叙。

《临安集·临安文集叙》:洪武二十九年岁次甲戌日长至,临安钱宰叙。

杜按:"日长至"者,夏至之谓也。据《临安集》两篇自序末尾所书时间,则钱宰于公元1396年春季农历三月初为其《临安诗集》作序,后又于同年夏至日为其《临安文集》作序。只是"岁次甲戌"四字甚不可解——盖洪武二十九年属丙子年,且洪武年间只有一个甲戌年,即洪武二十七年,不可能出现"洪武二十九年岁次甲戌"这种情况。然而,国图藏明祁氏淡生堂抄本(十卷本)与黄山书社影印清抄本(十卷本)的《临安文集叙》、国图藏清乾隆翰林院抄本(六卷本)与文渊阁《钦定四库全书》(六卷本)的《自序》中,皆云"洪武二十九年岁次甲戌",实一误笔传袭之例也。那么,此误笔究竟误于何处呢?有以下三种可能:一则,《临安文集叙》中"岁次甲戌"误，本当作"岁次丙子"，《临安诗集》五卷成于《临安文集》五卷之前；一则，《临安文集叙》中"二十九年"误，本当作"二十七年"，《临安文集》五卷成于《临安诗集》五卷之前；一则，《临安文集叙》与《临安诗集叙》中"二十九年"同误，本皆当作"二十七年"，《临安诗集》五卷成于《临安文集》五卷之前。就字形而言，"丙子"误作"甲戌"的可能性不大，"七"误作"九"的可能性较大，但《临安诗集叙》末所书时间无自相矛盾处，断然质疑其"九"为"七"之误太过草率，且《临安文集·金陵形胜论》末所书时间为"洪武二十七年六月初"，则《临安文集叙》不可能作于"洪武二十七年夏至日"，故《临安文集叙》中"二十九年"无误，误在"甲戌"二字，当改作"丙子"，《临安诗集》五卷成于《临安文集》五卷之前。当然，还存在一种可能：《临安文集》确成于洪武二十七年夏至日，且当时已作《临安文集叙》，后又于洪武二十七年六月初作《金陵形胜论》，至洪武二十九年，在《临安诗集》整理完毕并为其作序后，再次整理《临安文集》，因将《金陵形胜论》补收其中，故修改了原《临安文集叙》末尾所书时间，只是修改未尽而已。

（13）明太祖洪武三十年丁丑（1397），钱宰84岁。

《明太祖实录·洪武十年正月至四月》：后二十年卒于家。

《南雍志》：又三年，宰乃卒，寿九十六。

杜按：钱宰之卒年，唯见载于志文与《明太祖实录》《南雍志》。志文云卒于建文三年且寿八十有八，而《明太祖实录》与《南雍志》则云卒于洪武三十年，且《南雍志》又云钱宰"寿九十六"，差异甚大。若据《南雍志》计算，则钱宰生于元成宗大德六年（1302），元仁宗延祐元年（1314）时13岁，元至正十年（1350）时49岁，元至正十一年（1351）时50岁，元至正二十二年（1362）时61岁，元至正二十三年（1363）时62岁，洪武二年（1369）时68岁，洪武六年（1373）时72岁，洪武八年（1375）时74岁，洪武十年（1377）时76岁，洪武二十三年（1390）时89岁，洪武二十四年（1391）时90岁，洪武二十六年（1393）时92岁，洪武二十七年（1394）时93岁，洪武二十九年（1396）时95岁，洪武三十年（1397）时96岁，终于正寝。

（14）明惠帝建文三年辛巳（1401），钱宰88岁。

《大明国子博士钱公圹志》：建文三年八月二十日，卒于正寝，得寿八十有八。明年二月廿九日壬午,葬于山阴承务乡湖马山之原……

杜按:据此条志文可知,钱宰卒于公元 1401 年农历八月二十日,年寿 88 岁,于公元 1402 年农历二月二十九日安葬于当时的山阴县承务乡湖马山之原。

(二)其他若干相关问题

1.《孟子节文》与《早朝诗》

关于钱宰是否参与了删修《孟子节文》事,今人苏向荣先生已于其《明钱宰〈早朝诗〉史料勘误及教学应用》一文中论之甚详。核诸《孟子节文题辞》《明太祖实录·卷之二百三十四》与《立斋闲录·卷一》,正如其言,《书传会选》与《孟子节文》既分别成书于洪武二十七年农历九月、洪武二十七年农历十月,修书前后钱宰所受礼遇又甚为优厚,则虽然此事不见于正史类传世文献(仅见于《水东日记》《立斋闲录》《尧山堂外纪》等笔记类传世文献),也不见于墓志,但钱宰很可能也参与了《孟子节文》的删修工作。

关于《早朝诗》,虽首见于《水东日记》,又《蓬窗日录》《尧山堂外纪》皆承袭之,且万历三年刊《会稽县志》与清中叶修四库全书本《临安集·提要》中亦提及此事,然而,一则前三部著作皆为明代笔记类传世文献,二则亦如苏先生所言,叶盛乃明永乐至正统年间人,必非亲见此事,而只能是耳听其传闻,故或留以一见,不置是非可也。

关于《孟子节文》《早朝诗》与钱宰返乡之间的关系,苏先生所论恐有小误。苏先生云"钱宰被征编《书传会选》和《孟子节文》时已是九十六岁高龄",这恐怕是有问题的。钱宰参与修《书传会选》等事发生在洪武二十七年,农历九月以后工作结束,钱宰于当年被礼送回家,但任何文献中都不曾记载或表明钱宰于洪武二十七年时已九十六岁,如《曝书亭集》云:"书成,宰寻告归,帝命驰传还里。年九十六乃卒。""驰传还里"与"年九十六乃卒"显系两事,何以必发生于同一年的末三个月内?且无论据志文还是《明太祖实录》《南雍志》等传世文献,都不可能确切地推出钱宰于洪武二十七年时已九十六岁的结论。

2.钱宰的卒年与寿命——《南雍志》流传系统

据前文分析已知:明确指出钱宰卒年的文献源头有两个——属于出土文献的钱宰墓志("1314—1401,年寿88岁")和属于传世文献的《明太祖实录》("1377年时钱宰70岁或70岁以上,1397年时钱宰逝世")。而明代黄佐撰《南雍志·钱宰传》承自《明太祖实录》并进一步拟定了钱宰的年寿("1302—1397,年寿96岁")。关于钱宰墓志,数量上只有一通,又自明代至今尚无人提及,自然谈不上什么流传系统。而《南雍志·钱宰传》就大为不同,与其内容大体雷同者有《国朝献征录》《曝书亭集》和《明史》中的《钱宰传》,与其内容部分雷同者有《名山藏》中关于钱宰的记载。按照时间顺序,或存在这样一条流传链:明嘉靖年间《南雍志·钱宰传》——明万历年间《国朝献征录·钱宰传》与明崇祯年间《名山藏》——清康熙年间《曝书亭集·钱宰传》——清乾隆年间《明史·钱宰传》。当然,这条流传链的源头是《明太祖实录》。

3.钱宰的子孙

第一位,钱宰长子。

关于钱宰长子之名,就传世文献而言,明万历三年刊《会稽县志》与明万历十五年刊《绍兴府志》均记作"尚絅",而嘉靖四十五年刊《徽州府志》和康熙三十八年刊《徽州府志》却均记作"絅",钱宰墓志亦记作"絅"。据嘉靖《徽州府志·卷之五·县职官·祁门县·国朝知县》[①]和康熙《徽州府志·第四卷·秩官志中·县职官·祁门县·明知县》[②]所记,知"钱絅"曾担任徽州祁门县知县(万历《绍兴府志》云"尚絅历官都门令",该"都门令"或为"祁门令"之误)——康熙《府志》又言其"建文元年任",嘉靖《府志》又言其为"会稽人",这些与钱宰墓志所记均密合。就文献时间先后而言,当以"钱絅"为是。

又,"尚絅"源自《礼记·中庸》所引"诗曰:'衣锦尚絅'",万历三年

---

① 汪尚宁等:《徽州府志(据明嘉靖四十五年刊本影印)》,书目文献出版社1998年版,第114页。

② 丁廷楗等:《徽州府志(据清康熙三十八年刊本影印)》,成文出版社1975年版,第693页。

刊《会稽县志》更是明确指出"钱尚绢,字允裳",且提到"钱尚绢"曾于洪武初任"新城簿",与《绍兴府志·卷三十二·选举志三·举人》所言"钱尚绢主簿"①正相符合。当然,无论是万历三年刊《会稽县志》还是万历十五年刊《绍兴府志》,明人张元忭都参与了修撰工作,信息相符亦在情理之中。不过,这又引出了一个复合矛盾——作为"举人"的"钱尚绢"与墓志所记作为"首科进士"的"钱绢"。

核诸《皇明贡举考·第二卷·洪武四年辛亥会试》与《绍兴府志·卷三十三·选举志四·进士》,无"钱绢"或"钱尚绢",则所谓"首科进士",或指从事进士科之人,而非真正考中进士者。

还有一种可能,即原名"绢",后自改为"尚绢"以自勉,然在为其父钱宰撰写墓志时,为示尊敬,为示家族内部的团结统一(志文云钱宰六子分别名"绢、纶、纲、绪、黼、黻"),故仍用原名"绢"。

第二位,次子钱纶。

志文云钱纶"以贤良起家,官至监察御史",与万历十五年刊《绍兴府志》所载密合——《卷之三十·选举志一·荐辟》中记载"钱纶御史"②,正与"以贤良起家""官至监察御史"这两点相合。

其他四子,钱纲、钱绪、钱黼、钱黻。

志文云"纲、绪蚤卒",而关于"黼、黻",除记其名外,别无其他信息。国图藏《吴越钱氏七修流光宗谱·卷之一》③中只列出了"纲、纶、黻"三位,疑其中"纲"为"绢"之误。

第五位,钱宰女钱恒。

志文云钱恒嫁给了上虞一名叫作管云的男子,别无其他信息。

孙十三,孙男五人、孙女八人。

志文云钱宰有五个孙子,分别名钱寅、钱旃、钱申、钱壬、钱庠,而孙女之名未录。国图藏《吴越钱氏七修流光宗谱·卷之一》中则记载"钱纲(疑为钱绢之误)"之子名"寅同","钱纶"之子名"旃同","钱黻"之子名"申同"。

---

① 萧良干等:《绍兴府志(据明万历十五年刊本影印)》,成文出版社 1983 年版,第2146 页。

② 同①,第 2074 页。

③ 该宗谱相关内容见于中国国家图书馆官网 http://www.nlc.cn/,兹不赘述,下同。

4.钱宰的籍贯与姓字

关于钱宰的籍贯，志文云"其先杭之临安人，吴越武肃王十四世孙……讳象祖之玄孙……讳景臻者，绍兴间赐第于台……讳应孙……始自台迁会稽，乃公之大父也。考讳国熙……"此皆与传世文献密合，如：国图藏《吴越钱氏七修流光宗谱》属天台系钱氏宗谱，而其中亦与"钱燾"支、"钱国秀"支一起列出"国熙——钱宰"一支。由此可知，钱宰所属的钱氏家族，原居临安，后或有徙天台者，后又或有徙会稽者，钱宰便是或徙会稽者的后代。

至于钱宰的姓字，志文云"字伯均"，《南雍志》《绍兴府志》《明史》与《水东日记》云"字子予"，而《会稽县志》《曝书亭集》与四库全书本《临安集·提要》则并存此二者，其他文献记载亦无外乎以上三种。实际上，"均""予"皆与"宰"有关，"伯"与排行有关，"子"系通例，无论是"字伯均"还是"字子予"，皆通。

5.钱宰与画

程敏政（1445—1499）所撰《篁墩集》中提到钱宰的一篇画序，现代学者在考察《元世祖出猎图》的流传情况时提到钱宰的题画诗。可见，就元明时期画作流传史的研究而言，也许钱宰是其中一个重要的中介者。

6.钱宰墓志的真伪

会稽金石博物馆藏钱宰墓志志文基本与传世文献相合（除生卒年外），除"皇庆甲寅"为误笔外，尚有以下三点需要验证：一则，志文云"《临安集》五卷"，然《南雍志》、万历三年刊《会稽县志》、万历十五年刊《绍兴府志》皆只言"《临安集》"而未言"五卷"，且核诸国图藏明祁氏淡生堂抄本《临安集》、黄山书社影印清抄本《临安集》与文渊阁四库全书本《临安集》，只有十卷本（分为《临安诗集》五卷、《临安文集》五卷）和六卷本两种，并无所谓五卷本。其中，四库全书本《临安集·提要》中已言"从《永乐大典》中采掇编排，参以诸选本所录"，则该版本《临安集》非原《临安集》明矣，暂可置之不论。但是，所传十卷本应如何与所谓五卷本

对应呢？尤其是明祁氏淡生堂抄本,作为今可见的相对较早的版本,属
于十卷本,应如何与"五卷"本对应呢？核诸明祁氏淡生堂抄本《临安诗
集叙》与《临安文集叙》所记作序时间及作序者,可知钱宰在世时已存在
《临安诗集》与《临安文集》。那么,这"五卷"是指《临安诗集》五卷,还是
指《临安文集》五卷,抑或是指当时另有一诗文合集五卷本呢？尚不得
而知,有待证明;一则,"四考浙江乡试"虽见于志文,但尚未于传世文献
中得到印证,有待进一步核实;一则,志文云"葬于山阴承务乡湖马山之
原",与万历十五年刊《绍兴府志》所记"承务乡,属山阴县,宋称承务乡,
领里二:洪渐、道秦"①相符,但该墓地究竟对应今天哪个位置,尚无法
确定。

当然,若仅就生卒年而言,若以《明太祖实录》所记为是,则此墓志
志文所记为非。

余 论

据以上分析,确知万历三年刊《会稽县志》与《临安集》证明《金陵形
胜论》为钱宰奉旨作于公元 1394 年农历六月初,而非洪武二年(1369)
至洪武十年(1377)之间(包括 1369 年和 1377 年),故《明史》将《金陵形
胜论》放在"洪武二年"与"(洪武)十年"之间者,误也。

事实上,关于《金陵形胜论》的著作时间,《钦定四库全书·临安
集·提要》已经据所辑《金陵形胜论》一文言明,但尚未针对《明史》加以
纠正,直至清末民初,才由余嘉锡先生在《四库提要辨证》中完成此项工
作。后来,章培恒先生等在编《全明诗》时便承袭了余氏这一辨证。然
而,与《全明诗》同时代及之后的大量著作中又模糊了这一著作时间,继
续沿袭《明史》的错误。有鉴于此,笔者方才网罗相关文献,分层比类,
再次进一步论证《金陵形胜论》的著作时间。

---

① 萧良干等:《绍兴府志(据明万历十五年刊本影印)》,成文出版社 1983 年版,第 79 页。

附录:钱宰墓志拓卷图

参考文献

[1] 夏原吉,等.明太祖实录[M].台北:中研院历史语言研究所,1962.

[2] 汪尚宁,等.徽州府志(据明嘉靖四十五年刊本影印)[M].北京:书目文献
出版社,1998.

[3] 张元忭.会稽县志(据明万历三年刊本影印)[M].台北:成文出版
社,1983.

[4] 萧良干,等.绍兴府志(据明万历十五年刊本影印)[M].台北:成文出版
社,1983.

[5] 丁廷楗,等.徽州府志(据清康熙三十八年刊本影印)[M].台北:成文出版社,1975.

[6] 朱彝尊.曝书亭集(四部丛刊本)[M].上海:商务印书馆,1922.

[7] 张廷玉,等.清乾隆殿本明史[M].上海:商务印书馆,1936.

[8] 张廷玉,等.明史[M].北京:中华书局,1974.

[9] 罗振玉.金石萃编未刻稿(民国七年上虞罗氏石印本)[M].南京:江苏古籍出版社,1998.

[10] 余嘉锡.四库提要辨证[M].北京:中华书局,1980.

[11] 方诗铭.中国历史纪年表[M].上海:上海辞书出版社,1980.

[12] 章培恒,等.全明诗[M].上海:上海古籍出版社,1990.

[13] 翟国璋.中国科举辞典[M].南昌:江西教育出版社,2006.

[14] 苏向荣.明钱宰《早朝诗》史料勘误及教学应用[J].历史教学,2012(3).

[15] 陈晓伟.《元世祖出猎图》流传考略[J].中国国家博物馆馆刊,2016(6).

中国古代文学

浅析《史记》郦食其形象

李梦园

摘　要　司马迁《史记》深受儒家思想影响，其中记载了一批刘邦的儒生智囊团，出场不多却形象鲜明。陈留高阳人郦食其，史家对他形象的定位或有儒生，或有说客，说法不一。本文将通过文本分析来探究其身份，并试论作者笔法。

关键词　《史记》；郦食其；形象；儒学观念

西汉早期奉行黄老政治，汉高祖刘邦在草创之时不喜儒生，对之态度粗暴、行为恶劣：《史记·郦生陆贾列传第三十七》中，通过"骑士"口转述"沛公不好儒"，见"客冠儒冠"，"辄解其冠，溲溺其中"。[①] 但到汉武帝时期，儒学因董仲舒而大震，司马迁也受其影响，从而通过与历史的结合融贯出一套儒学思想体系。在其《史记》一书中，就塑造了一批刘邦布衣集团中出场虽不多却形象鲜明的儒生谋士，其中就有"高阳酒徒"郦食其。本文将通过对《史记》的文本分析，提炼郦食其的身份，并试着来探讨作者在创作这批儒士时的笔法特征。

一、"酒徒狂生"背后的内涵

其一，"酒徒"的形象是出于自谓。郦食其在《史记》中的第一次出场是他向刘邦毛遂自荐，出现于《史记·高祖本纪第八》，被简短带过，君臣之间的矛盾冲突并不强烈。但在《史记·郦生陆贾列传第三十七》中，却详细记录了两段细节不同的郦食其面晤刘邦的故事。列传正文

---

① 司马迁：《史记》，岳麓书社 2001 年版，第 562 页。

记载:"郦生食其者,陈留高阳人也。"①在第二段故事(即附文版本),郦
食其自称"高阳酒徒"②。此"高阳"是一古乡名,在今河南杞县西南位
置。"杞县"在西周时期,是一个身处大国夹缝中的小国杞国,即《列
子·天瑞》中"杞人忧天"之"杞"。此"杞国"于西周末年为宋国所灭。
公元前 740 年,杞国迁都至齐鲁之间的淳于一带,后于公元前 445 年被
楚国所灭。因此,这个位于杞县西南位置的"高阳"应该是处于中原地
区。在这块土地上,孕育了许多诸如儒家、墨家、道家等百家争鸣的学
术思想和极具特色的地域文化。郦食其生于斯长于斯,必定受到诸多
思想的影响,从而形成了他独特的内心世界和多元的思想内涵。

　　郦食其按剑呵斥替刘邦来传话拒绝见他的使者,并自陈"酒徒"的
身份,是希望通过"酒",能够和儒生原本在刘邦心目中的形象拉开距
离。同时,通过"酒"和刘邦产生共鸣。司马迁在《史记·高祖本纪第
八》记载了许多关于刘邦的传说,都和"酒"有着密切的联系。一是刘邦
醉卧,其上出现龙,"常从王媪、武负贳酒,醉卧,武负、王媪见其上常有
龙,怪之"③;二是刘邦在醉酒后斩杀了白蛇,有一老妪夜哭称:"赤帝子
斩杀白帝子。"虽不能判断郦食其是否真的好酒,但其仗剑怒斥使者的
行为完全符合"酒徒"狂傲激进的形象,即便这是个谎言,也因此而更加
真实可信。除此之外,郦食其在明知刘邦不喜儒生的情况下,还要坚持
自己儒服儒冠的打扮,可见他对自己才学的绝对自信。

　　其二,"狂生"的形象来自他说。《史记·郦生陆贾列传第三十七》
开篇提到,郦食其"好读书",家里贫困落魄,六十多岁仍只是一个小吏,
但"县中贤豪不敢役,县中皆谓之狂生"。何谓"狂生"? 究司马迁之前,
《荀子·君道》提到过"狂生":"危削灭亡之情,举积此矣,而求安乐,是
狂生者也。狂生者,不胥时而乐。"此处"狂生"应解释为"狂妄无知的
人";《论语·子路》中,孔子给"狂"和"狷"下的定义:"狂者进取,狷者有
所不为也。"此处的"狂者",意为"志向高远、锐意进取之人"。此外,相
近时期,《后汉书·仲长统传》中亦有提及"狂生":"统性俶傥,敢直言,

---

① 司马迁:《史记》,岳麓书社 2001 年版,第 562 页。
② 同①,第 566 页。
③ 同①,第 71 页。

不矜小节,默语无常,时人或谓之狂生。"此处的"狂生"已近为现代普遍对该词的理解:性情洒脱、直言不讳、不拘小节之人。

《史记》记载,郦食其在刘邦经过陈留时,大胆通过同乡人向刘邦举荐自己,自备"荐词":"臣里中有郦生,年六十余,长八尺,人皆谓之狂生,生自谓我非狂生。"①骑士转达之后,促成了刘郦之晤。正是郦食其深谙话语技巧,通过"人谓"和"自称"之间构成的巨大矛盾,大大激起了刘备的好奇心,其中也可见郦食其对人性的了若指掌。此外,这话中还有"他人说我太疯癫,我笑他人看不穿"的孑然傲骨,更加印证了"狂"这一点,进一步改变刘备对儒生重视繁文缛节、拘泥束缚的刻板印象。

其三,在这些放荡不羁的形象背后,还有郦食其的真才实干在支撑他成为刘邦集团的一员。郦食其不排斥他的儒生形象,在他了解了刘邦的喜好之后,就通过以下三点逐步化解,直至全然改变了刘邦对他的看法。一是不卑不亢的态度,直言诛无道之秦的仁义之师必先礼贤下士,尊于长者,使得原本散漫的刘邦立时正色以待。二是清晰透彻的大局观,郦食其熟知六国纵横之计,又清楚地认识到此时刘邦的现状,实力远不及项羽,如若硬攻入秦,势必遭遇失败,反而应该化动为静、转攻为守,储备兵力和后需。这令当时一味冒进、全然不知的刘邦茅塞顿开。三是有勇有谋的处事,他不仅为刘邦出了"下陈留"之计,更是以身犯险,亲自前往说服陈留令;并在劝说无果的情况下,斩陈留令首级,内应刘邦。也是因此,让刘邦一改自身厌弃儒生的态度,坚定地将郦食其纳入旗下。

二、说客谋士身份的转换

参酌《史记》记载,郦食其的行动轨迹并不单一。他不是纯粹跟在刘邦身后出谋划策,同样也曾受命出使诸侯列国。笔者据《史记》中的记载统计,在郦食其为刘邦效力的五年间,共为刘邦出谋划策三次,驰使诸侯列国四次。他的身份一直在不停地转换,谋士和说客的不同身份,并非由其自身把控。在他有史记载的七次出力的水准上可见,他也

---

① 司马迁:《史记》,岳麓书社 2001 年版,第 562 页。

有很多不足。

一是小聪明而非深谋远虑。《史记·留侯世家第二十五》讲述了一次郦食其和刘邦身边第一谋士张良在计谋上的直接较量："汉三年，项羽急围汉王荥阳"①，刘邦和在其帐内的郦食其商议"谋桡楚权"。郦食其以为，"复立六国后世"，以求其"君臣百姓"之拥立。此法却遭到张良的反对，在听完刘邦对郦食其计策的转述后，他立时就举出了"八不可"的理由来反对，确实鞭辟入里，并非无的放矢。刘邦才"令趣销印"。由此可见，郦食其其人确有小智但考虑不周，非为长于计谋的谋士。

二是老固执而非圆滑变通。郦食其之死是受陷于韩信，为齐王烹。在齐王给出"止汉军，我活汝"的条件下，郦食其本是游说之客，却并不巧舌如簧、与之周旋，反倒是决然赴死。与之生死观截然不同的是刘邦集团中的另一位谋士陈平。《史记·陈丞相世家第二十六》记载，陈平三次易主，从魏王咎到项羽，再到刘邦帐下。至高祖过世，吕氏外戚篡权，陈平屈意奉承吕氏，待吕后薨后再与周勃等大臣联合一举诛灭诸吕，迎代王，归正统。对比之下，郦食其虽为君死忠、不意弃节，却拘泥成法、不知变通。

三是重守备而非冒进主攻。郦食其有史记载的另两次出谋划策都极为成功，源于他对粮食的敏锐见解，是他较于常人的出色之处。一个是"下陈留"。占下陈留的前因是刘邦要先于项羽入秦。郦食其和刘邦陈述了陈留之用："夫陈留，天下之冲，四通五达之郊也，今其城又多积粟。"②陈留虽小，但是地处交通要道，最重要的是城中有军需粮食，是扩充军队的一大物质基础。由此，凭着陈留的积粟，刘邦聚兵万数，"遂入破秦"，先于项羽入关称王；另一个是"守成皋、据敖仓"。汉三年秋，刘邦又在项羽的强势围攻下一路败仗，几要抛弃成皋和荥阳而走。郦食其为刘邦提出了守备之要："夫敖仓，天下转输久矣，臣闻其下乃有藏粟甚多……原足下急复进兵，收取荥阳，据敖仓之粟，塞成皋之险，杜大行之道，距蜚狐之口，守白马之津，以示诸侯效实形制之势，则天下知所

---

① 司马迁：《史记》，岳麓书社2001年版，第356页。
② 同①，第562页。

归矣。"①敖仓之粮食和成皋之险是刘邦在战局中的两大胜算。同时,郦食其又提出了一个重要的论断:民以食为天。这全然不同于儒家所倡导的理念,《论语·微子》:"丈人云:'四体不勤,五谷不分,孰为夫子?'"讲的是孔子不务农事,不识五谷,孔子也确实表示农事不如礼节和仁义重要。而作为儒生的郦食其却将粮食看得远比进攻掠地重要,这并不是一个只知道读书的儒生能够得出的见解,而是他为吏数十载之后得出的论断。

三、《史记》中"儒"的用法

要之可见,司马迁《史记》中,对刘邦集团中儒生的着墨并不全然符合儒学之本,反而是有他的笔法用意。其一,儒学体用灵活多变。这些儒生出现的时机都是在天下未定之时,刘邦将就利用这些人的巧舌如簧来游说列国,以此来获得汉王一方更大的利益。除开郦食其,还有陆贾,"名为有口辩士,居左右,常使诸侯"②。但转而来到汉统一天下之时,这些儒生就立即开始"游说"君主实行儒术,巩固政权。例如,秦朝博士叔孙通在刘邦称帝后,主动提出以恢复礼乐之制帮助刘邦整肃朝仪,从侧面展现了儒学在"创业"和"守业"不同形态时的灵活调整。其二,儒生处事切中实务。这些儒生是司马迁笔下的人物,更是推动历史洪流向前的承受者。其接受的儒家思想要求他们肩负起历史使命和社会责任,郦食其才会在知天命之年还向刘邦毛遂自荐。且秦汉交际,儒学并未成为正统之学,这些有着鲜明个性和远大抱负的儒生的学识和视野都不限于儒术。例如,郦食其高超的说话水平,颇有战国时期奔波于诸侯列国之间往来游说的纵横家之风。其三,作者思想杂以他学。司马迁的创作并不仅限于儒学,他还深受道家、法家等思想的影响,再联系他的自身经历。在塑造悲剧人物时,他都有意识地贯以自身情感进行创作。所以,在他笔下的儒生郦食其有优点也有缺陷,有些甚至可能不符史实。总的来说,这算得上是一个充满个性色彩的"史记"人物。

---

① 司马迁:《史记》,岳麓书社 2001 年版,第 563 页。
② 同①,第 564 页。

参考文献

[1] 司马迁.史记[M].长沙：岳麓书社，2001.

[2] 余明光.黄老无为而治与西汉前期社会经济的重建[J].湘潭大学学报（社
会科学版），2000(5).

[3] 宋馥香，石晓明.承继与发展：司马迁与董仲舒的学术关联[J].郑州大学
学报（哲学社会科学版），2006(3).

[4] 臧知非.由"理想"到"现实"：秦汉之际儒生价值观的历史分析[J].湖湘
论坛，2011(3).

[5] 薛志清.刘邦布衣集团社会流动途径论析[J].河北师范大学学报（哲学社
会科学版），2012(5).

[6] 王子今.秦汉"酒徒"散论[J].西北大学学报（哲学社会科学版），2010(6).

[7] 王次梅.《史记》传记人物悲剧论略[J].北方论丛，2005(5).

论柳永都市风情词及其个性心理

许　晴

摘　要　柳永的都市风情词依托北宋初年新兴发展的城市经济，在此基础上形成了柳永独特的个性心理，柳永凭借浪漫的个性和卓越的音乐才能反作用于宋代社会，描绘了堪比"清明上河图"的北宋都市风貌。

关键词　柳永；都市风情词；个性心理

　　自古以来，就有文人雅士为都市赋美文作佳诗。汉代有班固的《两都赋》、张衡的《二京赋》，魏晋时期有左思的《三都赋》，唐朝有卢照邻的《长安古意》、骆宾王的《帝京篇》，及至宋代，柳永词的出现为都市风情词添上了浓墨重彩的一笔。而且，在唐五代小令盛行的情况下，柳永的都市风情词不但进一步体现其创制的慢词的赋笔形式，还拓宽了文学题材，为文体发展做出了巨大的贡献。

　　有宋一代，文人们已经开始运用词这种文体来描绘都市的风貌。比如出生在柳永之前的宋初隐士潘阆就曾写过一系列吟咏杭州西湖的词作，"长忆钱塘，不是人寰是天上"（《酒泉子》）。但真正将都市风情词写到极致的还是柳词。据笔者统计，柳永的都市风情词为 49 首，约占其现存 217 首（包括辑佚部分）词的五分之一。纵观宋代以来的大词人，他们在都市风情词这一题材的创作数量上几乎难以与柳永相颉颃，柳永词在这方面的文学价值是显而易见的。柳永独特的人生历程和个性心理造就了他独特的都市风情词。

　　按曾大兴先生的说法，柳永约生于公元 983 年，卒于 1053 年。而在柳永近 70 年的人生生涯里，他耗费大半生旅居京都，对东京这片土地抱有浓烈的复杂情感，他和他的词化为宋代繁荣社会的一部分，同时社会也反作用于他和他的词。歌伎乐工和市井大众对柳词的传播起到了不可磨灭的作用，而柳永也根据社会听众反馈的信息，及时调整自己的词作，力求"尽收俚俗言语，编入词中，以便伎人传习"①，力争在艺术上、音乐上和审美上取得最佳效果。正是在这样相互作用的情况下，柳永都市风情词中的内容和其潜藏作者内心的情感与社会完美交织在一起，展开了北宋初期繁盛的社会风俗画卷。

柳永之所以不同于宋代其他诗人的一点原因是，他的眼里心里都是真真切切的都市生活，他既不像那些春风得意的文人士子到青楼妓馆里去寻欢作乐，也不像那些达官贵人在享受物欲文化的同时在精神上摆脱城市的浮华，他全身心投入到都市生活中，无论是物质上还是精神上。实际上，柳永的性格很大程度上是跟随宋代社会一起向前发展的。柳永生于一个典型的奉儒守官之家，从小就受到良好的艺术文化熏陶，在福建崇安这个文风昌炽的城市里长大，和传统文人士大夫一样抱有功名用世之志。年少时就作《劝学文》"学，则庶人之子为公卿；不学，则公卿之子为庶人"表明心迹。后来他离开故里前往汴京，从此开始了他真正的都市生活。

北宋建国初期，由于特殊的政治环境和时代条件的约束下，城市管理制度发生了巨大改变。宋代以前，城市管理通常实行坊市制，而且实行夜禁制度，从时间和空间上限制了商业活动。随着北宋经济的繁荣发展，"北宋太平兴国五年（980），京都开封的商业活动已出现侵街的现象，突破时间与区域的限制，标志旧的坊制开始崩溃了"②。柳永从偏远的城市来到都城汴京，从心理上和身体上接受来自热情洋溢的都市氛围的冲击。并且，在宋太祖杯酒释兵权的政策影响下，在都市生活中享乐逐渐成为一种全民时尚。上有所好，下必效之。一方面，柳永热爱音乐，擅长作词，又真心热爱并融入这个社会当中；另一方面，风俗、节令等世俗化文化的主流趋势促使柳永适应社会变化，做出相应的改变。从真宗祥符元年（1008）至仁宗庆历二年（1024），其间 16 年光阴，柳永

①　宋翔凤：《乐府余论》，见《柳永词集》总评，谢桃坊导读，上海古籍出版社 2009 年版，第 132 页。
②　谢桃坊：《柳永词选评》（中国古代文史经典读本），上海古籍出版社 2011 年版，第 18 页。

连续四次进士不第,但却在繁华的汴京城度过了他人生最青春灿烂也最坎坷的岁月,写下了还原都市现实的词作。此后十年,柳永流连往返于各大都市之间,及至1034年,柳永才得以进士及第。往后二十年,仕宦小官,辗转各地,阅尽世俗繁华,写下的词作与早先意气风发、任性使然的词作存在明显差别。都市还是都市,只不过经历了人生百态,柳词明显带上了感伤、孤独的气息。最典型的便是《透碧宵·月华边》,"道宦途踪迹,歌酒情怀,不似当年",帝都依旧繁盛富庶,可是作者内心却不复当年诗酒趁年华,而是"年来减尽风情"。

柳词兴起的时代,正是宋初娱乐文化兴盛的时代。与晏殊、张先等处在阶级上层的文人士大夫相比,柳永是一名真正抱有赤子之心的音乐大家,柳词的听众不只是上流社会的文人雅士,还有下层阶级的市井大众。根据吴熊和先生统计,有100多首词调创自柳永或首见于柳永。柳永自作词一开始就走上了一条迥异他人的路,以词为生,还原社会本真,反映周边大众生活。柳永依靠其词大展头角,但他的仕途也因词的名声受到牵连,于是大半生都徘徊在不甘心因作新曲而被阻仕宦的无可奈何的人生道路上。但是,他的词反而在世俗社会里开辟出新的天地来,成为家家传唱的经典词曲。

柳永最负盛名的一首描写都市风情的词便是《望海潮》:"东南形胜,三吴都会,钱塘自古繁华。烟柳画桥,风帘翠幕,参差十万人家。云树绕堤沙,怒涛卷霜雪,天堑无涯。市列珠玑,户盈罗绮,竞豪奢。 重湖叠巘清嘉,有三秋桂子,十里荷花。羌管弄晴,菱歌泛夜,嬉嬉钓叟莲娃。千骑拥高牙。乘醉听箫鼓、吟赏烟霞。异日图将好景,归去凤池夸。"[①]此词是柳永年轻时拜谒杭州长官的投递之作。开篇叙述杭州优越的地理位置,次写杭州大气的都市美景,重点描写西湖佳景,间隔穿插了各类人物的活动,通过"十万""三秋""十里"数量词的描述展现杭州城的繁盛。从春天烟柳装扮千家万户写到秋季桂花飘香绵延城都,又从白天市场货物的琳琅满目写到晚上的笙歌达旦,从商贾豪奢写到文人雅聚,用铺排手法以市民大众的娱乐方式来映衬城市的繁华,以杭

---

① 柳永:《柳永词集》,谢桃坊导读,上海古籍出版社2009年版,第83页。(本文所引柳词皆出于此版本,不再一一赘述。)

城的繁华来歌颂长官的治理。一番太平盛世之象,饱含柳永初入当时社会时的兴奋喜悦之情,在汲汲名禄的同时找到恰当的方式来毛遂自荐,柳永内心满是高昂的雄心壮志。

不过,事与愿违,自柳词从青楼妓馆出名开始,柳永的仕途注定不会一帆风顺,甚至有可能因此受到传统士大夫和文人的排斥与鄙夷。柳永天性浪漫,年少风流,满眼都是欣欣向荣的社会前景。他通过作词来展示社会发展过程中的美好,以期得到达官贵人们的赏识,却又尽情沉醉在青楼妓馆里,与下层市民大众来往密切。因而,柳永都市风情词里面常常会合了各阶级人员,使词真正融入宋初广阔的社会生活里,让整个都市形象更加丰满立体。而从柳永的人生历程来看,他前半生多是在都城东京游荡,因此柳永的都市风情词更多集中在这座日益繁盛的城市。帝都的风貌最能展现时代特征和天下大势。柳永为帝都写下的词更是与东京城息息相关,尤其是一部分节令词,填充了宋初词说文化的历史,与孟元老的《东京梦华录》共同描绘了宋代前期历史画卷,更是被称为词史上的"清明上河图"。①

宋代的娱乐活动十分活跃,上至帝王臣子、闺阁女郎,下至平民百姓、青楼妓女,正是"朝野多欢民康阜",坊市制的改革更是促进了各种节庆等娱乐活动的开展。正如《东京梦华录》里记载的,"太平日久,人物繁阜。垂髫之童,但习鼓舞。班白之老,不识干戈。时节相次,各有观赏。灯宵月夕,雪际花时,乞巧登高,教池游苑"②。可见,节令文化在宋代蔚为大观,柳词自然就涉及了这部分内容。

比如正面描写盛况朝天的元宵节,作为宋代官定的、最热闹的节日之一,柳永写了三首,分别是《迎新春·嶰管变青律》《倾杯乐·禁漏花深》《归去来·初过元宵三五》。两宋元宵词始于柳永,且柳永还特为元宵佳节创作了词调。张灯宴游成为元宵时节最典型的庆祝方式之一,夜禁政策的实施让节日灯火辉煌的气氛更加浓烈。《迎新春》:"嶰管变青律,帝里阳和新布。晴景回轻煦。庆嘉节、当三五。列华灯、千门万

---

① 欧阳勤:《都市风情入词来——论柳永都市词》,《湖南科技学院学报》2005年第6期,第168页。

② 孟元老:《东京梦华录》序,李士彪注,山东友谊出版社2001年版,第1页。

户。遍九陌、罗绮香风微度。十里然绛树。鳌山耸、喧天箫鼓。　渐天如水，素月当午。香径里、绝缨掷果无数。更阑烛影花阴下，少年人、往往奇遇。太平时、朝野多欢民康阜。随分良聚。堪对此景，争忍独醒归去。"起笔描写东风吹遍京城，以明媚和煦的气氛迎来盛大的元宵佳节，彩灯纷呈做鳌山，汴京十里长街上，处处辉煌弥望，火树银花中点燃浪漫、喜庆的气氛。上片极言气氛浓烈，下片尽写民之欢乐。而在词中，柳永还借用了两个典故，以"绝缨"写游人不拘常礼，尽情欢乐；以"掷果"描写青年男女之间的互动，趁此良辰佳节谈情说爱。结尾处更是袒露心胸，感叹美景之美，佳节之乐怎忍分别。通过游人之间的细节活动恰恰反映整个社会环境的安定康阜。也正是这种自由、不受拘束的大环境下，柳永的浪漫才子的才情才能更好地发挥出来。

再如写清明时节的词：《木兰花慢·拆桐花烂漫》《长寿乐·繁红嫩翠》《抛球乐·晓来天气浓淡》《小镇西犯·水乡初禁火》等。在文学作品中，歌咏清明时节的作品很多，但真正赞美清明时节都城中人出城郊外踏青狂欢的，柳词不遑多让。《木兰花慢》："拆桐花烂漫，乍疏雨、洗清明。正艳杏烧林，缃桃绣野，芳景如屏。倾城，尽寻胜去，骤雕鞍绀幰出郊坰。风暖繁弦脆管，万家竞奏新声。　盈盈。斗草踏青。人艳冶、递逢迎。向路旁往往，遗簪堕珥，珠翠纵横。欢情，对佳丽地，信金罍罄竭玉山倾。拼却明朝永日，画堂一枕春醒。"尽情欢乐这一主题思想多次出现在柳词中，从描写东京郊外艳丽优美的景色开始，到人们在郊游中竞奏新声、斗草踏青为止，游人之众、排场之盛可见一斑。这样欢乐热闹的场面却不曾渗入一丝哀伤，可见柳永是真诚地赞美那个美好的时代，而民众也恰恰喜爱这种热闹的词，两者融合造就了一位以俚俗词取胜的写词大家。

清明过后，农历三月一日至四月八日要举办一个重要的民俗活动，即金明池争标。这是一个君臣士庶一起游赏汴京金明池的节日。柳词最能体现这种盛况的是一首《破阵乐》："露花倒影，烟芜蘸碧，灵沼波暖。金柳摇风树树，系彩舫龙舟遥岸。千步虹桥，参差雁齿，直趋水殿。绕金堤、曼衍鱼龙戏，簇娇春罗绮，喧天丝管。霁色荣光，望中似睹，蓬莱清浅。　时见。凤辇宸游，鸾觞禊饮，临翠水，开镐宴。两两轻舠飞画楫，竞夺锦标霞烂。馨欢娱，歌《鱼藻》，徘徊宛转。别有盈盈游女，各委明珠,争收翠羽,相将归远。渐觉云海沉沉,洞天日晚。"此词将金明池争标的地点、环境、人群、活动细节统统容纳进去,加以各种器官上的直觉享受描写,让听者仿佛置入其中。金明池景色之美,游乐花样之多,音色动听之极,在柳词笔下绘声绘影。下片自然过渡到皇帝临幸金明池并赐宴群臣的盛况,紧接着再现了龙舟竞渡奋力夺标的场面,游女们的神情姿态暗示了这场争标盛宴的热闹,结局比喻金明池如同神仙洞府般缥缈神奇,把金明池上的景色之美推到了极点。值得注意的是,在描写帝京的词中,柳永开始加上了类似"馨欢娱"一类的辞藻,颇有一番颂赞圣上的味道。

还有如描写七夕的《二郎神·炎光谢》,上片描写七夕高爽的秋夜,然后自然引入牛郎织女这个美丽动人的传说;下片着笔于人间小儿女,通过写妆楼上、庭院中穿针乞巧的女子和回廊月影下私语定情的情人,来表达"愿天下有情人终成眷属"的美好祝愿,同时赞赏七夕回馈给人们的爱情。再如写九月重阳登高的《应天长·残蝉渐绝》《玉蝴蝶·淡荡素商行暮》,前者着重聚宴饮酒,后者重于表现登高抒怀之状;前者借孟嘉落帽的典故来表现作者一股不输往昔的豪情,后者却明显带有一缕凄凉之意,即便有佳人相伴,美酒足以忘忧,却也不免感叹时光易逝,人生有憾。这些节令词大多贴近人们生活,尤其是全民同乐的节日,柳词颇多贴近市井人民,强调民间气息,这也是柳永都市风情词价值的体现,词乐本就来自生活本身。

此外,柳永都市风情词还有一部分是应歌词、应制颂圣词及其他各类都市承平词。有为圣上祝寿的,如《御街行·燔柴烟断星河曙》《永遇乐·熏风解愠》《醉蓬莱·渐亭皋叶下》等。而让人诧异的是,在叙述"天书"事件时,柳永采用了一系列同词牌同词调的应制词,比如《玉楼春·昭华夜醮连清曙》五首和《巫山一段云·六六真游洞》五首。柳永之前,写《玉楼春》词的内容多是男欢女爱,柳词也有用玉楼春体写各姿态极妍的歌伎,但词牌却为《木兰花》,而《玉楼春·昭华夜醮连清曙》五首内容却是庆祝帝王圣寿,描写"天书"事件时期盛行宴集的场面。同样,《巫山一段云》五首在柳永之前托之游仙的实在罕见,更不用说用在应制词上,颇耐人寻味。柳词创词调之多已属难得,基本上每两三首才用同一词牌名,而在应制应歌词方面,柳永却没有用多个词调词牌。一来,这些应歌的词曲多需要配合演奏场合,有学者评价此盖是迎合宋真宗的《步虚词》六十首而作;二来,相较其他更能表现作者情感的词来说,这些词本质上压抑了作者的天性,词人有很大可能没有用心来创作这些词,也自然没有很好地展现柳永一贯的铺叙手法。甚至有相关学者认为《玉楼春》(昭华夜醮连清曙)、(凤楼郁郁成嘉瑞)二词是讽刺词。[①]

总之,都市风情在柳永笔下绘成了一幅多彩的宋初都市画卷,柳词在这方面的笔墨不可谓不详备,乃至时人范镇曾叹曰:"仁庙四十二年太平,吾身为史官二十年,不能赞述,而耆卿能形容尽之。"[②]有唐以来文人多爱漫游,宋代文人多是宦游,而对柳永来说,无论是漫游还是宦游,很大程度上都带有不得志之气,多次落第的无奈和屡为小宦的不得意,都让他的作品带上了些许感伤色彩和迎合意味。尤其是柳永后半生的羁旅和宦游生涯中,他开始反思自己任意的前半生,所写词较青年时候减尽风情,多为颂赞性话语。因而在描写其他都市时,柳词虽然依旧不遗余力地表现了都市的繁华,但潜意识里还是以投赠迎合长官之意为主。但不能否认的是,繁华的都市生活更能滋养柳永身上的浪漫气质和独特的个性心理。

《木兰花慢·古繁华茂苑》起笔就追溯了苏州城的历史,从人物风土处着手描绘一座江南水城,下片盛赞苏州官员政绩,暗指如今祥和美丽之状皆有当政长官之功绩。《如鱼水·轻霭浮空》抓住颍州西湖一景,描写颍州景物之美和女郎之丽,突出生活的富足和奢华。此词更是花费近四分之三的篇幅在描绘颍州西湖的自然风光,最后以"此景也难忘"结束,以小衬大,展示颍州的富庶秀美。还有《一寸金·井络天开》描绘了素有"天府之国"美称的成都,同其他都市类词一样开篇点出益州险要的地理位置,通过浣花溪畔的游人如织来述说成都奇特的风物和繁荣的经济。而这一切又都归功于当地地方长官,承传前贤文化精髓,励精图治,方有美名远扬的成都。

---

① 周汝昌等:《柳永词鉴赏辞典》,上海辞书出版社 2015 年版,第 148 页。
② 谢维新:《古今合璧事类备要》,见《柳永词集》总评,谢桃坊导读,上海古籍出版社 2009 年版,第 127 页。

柳词在这些都市的描摹上不及他对帝京东京的描述,但也在一定程度上表明了宋初时代地方经济紧随其后,逐步发展、繁荣之象。即便身处异乡,柳永仍然怀念帝都的盛景,感怀自己的前程岁月,所以在他的词中有很多回忆帝都风貌的词,比如《长相思·画鼓喧街》《风归云·恋帝里》等。柳永对帝京风貌的描述,展现了北宋初年"太平时朝野多欢民康阜"的盛景,展示了京都风光习俗和市民大众的生活风貌,对北宋都市文化风俗研究具有很重要的借鉴意义。柳永依托于这种社会环境生长,常年浪迹在秦楼楚馆,与歌伎、乐工打交道,擅长并且喜爱音乐的他一方面为求能在词史上添上浓墨重彩的一笔,一方面又力求实现多年夙愿,取得功名利禄,从政治上实现与民同乐。但是两相冲击下,他只能凭一腔浪漫之气和卓越的音乐才能一展抱负,在矛盾中将都市风情词描绘得淋漓尽致。

参考文献

[1] 谢桃坊. 柳永词集[M]. 上海:上海古籍出版社,2009.

[2] 孟元老. 东京梦华录[M]. 李士彪,注. 济南:山东友谊出版社,2001.

[3] 曾大兴. 柳永和他的词[M]. 广州:中山大学出版社,2001.

[4] 周汝昌,等. 柳永词鉴赏辞典[M]. 上海:上海辞书出版社,2015.

[5] 沈松勤. 唐宋词社会文化学研究[M]. 杭州:浙江大学出版社,2000.

[6] 欧阳勤. 都市风情入词来——论柳永都市词[J]. 湖南科技学院学报,2005(6).

[7] 曾大兴. 柳永《乐章集》与北宋东京民俗[J]. 中山大学学报,2003(5).

[8] 曾大兴. 柳永都市风情词的历史价值与民俗价值[J]. 暨南学报(哲学社会科学版),2003(4).

[9] 贺闻. 柳永节日词研究——兼议其帝京情结[J]. 福建师范大学学报,2014(1).

从结构安排看《香囊记》的"道"与"技"

史瑞苹

摘　要　文本的结构技巧与文本中蕴藏的主题思想相互呼应,相辅相成。在叙事文本中,每一情节的安排、每一人物的设置、每个时间段的出现,都有其特定的作用和意义。《香囊记》作为剧本,本文首先简单介绍其产生的时代背景,然后将从"道"与"技"两个层面具体分析《香囊记》的主题思想和艺术技巧。

关键词　邵灿;《香囊记》;道;技

杨义在《中国叙事学》中谈到中国人谈论文章,讲究"道"和"技"的关系,以显层的技巧性结构蕴含着深层的哲理性结构,读中国叙事作品不能忽视以结构之道贯穿结构之技的思维方式,不能忽视哲理性结构和技巧性结构相互呼应的双重结构。①"道"指的是在叙事结构中蕴藏着的作者对世界、人生和艺术的理解,是叙事作品深层的思想内涵。"技"指叙事手法、结构方式和行文方式。在叙事文本中,每一情节的安排、每一人物的设置、每个时间段的出现,都有其特定的作用和意义,对文本的构成与作者及文本思想的表达有极其重要的作用。那么,《香囊记》作为剧本,作者是如何通过安排每一出的情节和线索,来表现主旨的呢?主旨又是如何贯穿于结构之中?本文将通过结构分析进行详细讨论。

---

①　杨义:《中国叙事学》,人民出版社 1997 年版,第 45—47 页。

一、《香囊记》产生的背景与原因

《香囊记》作为明朝典型的伦理教化传奇，有其独特的背景与原因。首先，明代统治者的提倡封建伦理道德。明朝开创者为巩固君主霸权，进行思想专治，推行程朱理学。因此，经过时间的沉淀，忠孝节义的道德观念已深入人心。戏曲作为娱乐性项目，在表演内容方面也受到了一定的限制，于是伦理教化的剧作就逐渐兴盛，成为传奇戏的主要内容之一。

其次，社会伦理题材本就是戏剧创作的一大类。自《琵琶记》到《伍伦记》等戏剧的出现与发展，戏曲从民间走向上流社会，成为文人们惩劝为主、娱乐为辅的工具。正如吕天成《曲品》卷下将传奇分为六门，其首两门则一曰忠孝，一曰节义也。而《香囊记》就是在借鉴《琵琶记》创作的基础上，在表现形式上文人化、雅致化，但思想内容仍是歌颂五伦思想。

最后，明朝成化年间朝中奸佞当道，民不聊生，邵灿想要通过当时流行戏剧来敲醒当朝者，从而保持国家的太平与稳定。明朝虽然经历弘治年间的安定和谐，但是正德年间北方动乱，塞外的鞑靼屡屡入侵，当权者则愚昧无知，滑稽可笑。嘉靖前期仍是朝纲混乱，直到中期才出现中兴。而邵灿刚好经历了明朝朝纲混乱、礼法废弛的时期，作为士大夫阶层亲眼看到这样的景象，必然希望通过戏曲来敲醒当朝统治者和士大夫阶层。他的理论武器，便是明朝流行的核心价值观——仁义礼智信。他必定要用适应当时社会各阶层，特别是士大夫和统治阶层的主流思想和价值观，来警醒当朝的统治者和士大夫。因此，邵灿就借用宋朝的人物和虚构的故事表达五伦道德思想，或感染或警醒昏庸的统治者。

二、《香囊记》结构安排中的"道"

《香囊记》的作者邵灿在第一出和最后一出通过收尾照应的方式，表达了"传奇莫作寻常看，识义由来可立身""孝友忠节义，生动朝廷"的五伦全备的礼教思想。其文本的布局是忠孝两难全——忠孝两不全——忠孝两全,中间穿插其他"节、友、义"的思想主题。

从第二出到第十三出,忠孝不能两全从张氏兄弟上京赶考已经出现,而婆媳的相依为命也逐渐发展。在这一部分中,张氏兄弟、崔氏和邵氏两条线的交叉较多,主要是张氏兄弟因不愿违背母亲之命而无奈上京考试,以及张氏兄九成嘱咐妻子邵氏照顾好母亲崔氏。"事亲为大"是孝,而"恭敬不如从命"也是尽孝。因此,孝本身就成了矛盾的节点,而尽忠既是文人士子自身的愿望,也是张氏兄弟不得尽孝的转移,既然在母亲身前不能尽孝,便做到尽忠。但是,奸佞当道的北宋王朝,使得张氏兄弟来不及享受状元和探花的喜讯,张九成便不得不北上杀敌,兄弟分离。忠孝不能两全的矛盾有所深化。观众或读者在对忠孝矛盾的哀叹和对奸佞当道的愤恨中,情感逐渐加深。然而,在张氏兄弟不能尽孝的时候,儿媳邵氏却无微不至地照顾着婆婆,以孝为大,可以说儿媳邵氏既是替张九成尽孝,也是自身遵从孝道。第五出中王婆是文本中重要的人物,在之后的几出中充分体现了帮助崔氏和邵氏的善良,这是邻里间的互帮互助,"老身有些小白银,奉为路费""匮乏我当周济"是"友"的表达。

在动乱社会和黑暗朝政下写忠孝是极其合适的。北宋末期,议和政策给整个朝廷和百姓都带来了巨大耻辱,而十四、十五出"点将"和"起兵",大篇幅整段整段地描写岳飞的威武、官兵的骁勇和张九成的谋略,把将领们杀敌报国和誓死捍卫政权的决心表现得淋漓尽致,让观看者看得热血沸腾、荡气回肠。

然而,画面一转,十六出的"荣归",激情转为哀情,画面的切换极其恰当,当观众还沉浸在大快人心的胜利喜悦时,"春间别去,如今将以秋暮"的半年后,邵氏的孤独和思念、母亲盼儿归、贫困的生活,使得母亲竟生出"孩儿,你休恋上林春富贵"的不安感,这就形成情感上的张力和差距,将前后两出戏的情感反差恰如其分地表现出来,从而使得两种画面同时存于观众脑中,一喜一悲,从侧面表现出尽忠和尽孝间的矛盾,张九成仍是忠孝不能两全。但是,悲情仍在继续并不断深化。婆媳苦苦等待几乎半年时光,终于等到了张九成的弟弟张九思,然而还未喜悦,却等来了张九成遭奸佞陷害而远赴边疆的噩耗,这使得"闷怀萧索怕惊秋"的邵氏"顿教人添感伤",母亲更是"念吾儿衣锦滞他乡"。在这短短的一出戏中,一悲一喜又一悲,感情三转,逐渐加深,情节设置紧凑,别有意味。不仅从十四、十五出张九成自身出发写他的忠孝两难全,又从这一出的母亲和媳妇的视角表现人不归来给家人带来的相思和痛苦,不仅增加了忠孝矛盾,也增加了悲情成分。

悲情仍在继续,高潮不断兴起。当观众仍留在悲喜交加之时,第十七出"拾囊"以简短干脆的形式,将题目香囊点出。此出的"香囊"也照应了第七出"鸿雁联登第,豺狼不可当。沙场千万里,会合紫香囊"的预言。第十八出的"授诏"深刻表现出忠孝不能两全到忠孝均不全的悲哀。尽管打了胜仗,也胜不过昏君和奸臣。张九成被迫奔赴契丹。战争的胜利本是尽忠,胜利之后或许可以班师回朝而尽孝,但故事并不完美,奔赴契丹基本就被朝廷遗弃,这使得忠不能尽,孝更没有可能。虽然这些并没有在这一出中明确提出,但"奔赴契丹"本就是一种既定的悲惨结果的象征。于是,这一出以一种隐晦和反讽的形式延续悲情,让观众感到了张九成忠孝均不全。张九成当初是因孝而做官,如今却不得尽孝。因尽孝而不能尽孝极具张力,孝自身成了原因和结果,矛盾深化。尽忠本是尽孝不得的转移,但往后也不能尽忠。忠孝均不全深刻地表现了出来,观众的悲情也逐渐加深。

第十九出是第十七出的延续,悬念在此揭晓。香囊被邵氏看到,而士兵的胡言乱语加剧了剧情发展。这些带给观众的是一种可怜和可悲之感。第二十一出的寻兄,使得张氏兄弟再次不能尽孝。尽忠不得,尽孝更不得。本来家中有弟弟张九思还可以替兄尽孝,如今又是只剩婆媳两人孤苦伶仃相依为命。以角色为主的两条线又明晰地出现。观众看到此,只能倍感凄凉,国家的大悲剧造成了家庭的小悲剧,不仅个人的忠孝愿望不能实现,更使得其他的亲人遭受煎熬。从第二十六出到第二十八出,婆媳不幸走散,唯一相依为命的两个亲人被迫分离,剧情更是悲惨。

终于,故事在忠孝均不全的悲情下迎来了转折。从第三十一出"潜回"到第四十一出"酬恩",分离的亲人逐渐相遇,故事也在慢慢收尾。在王侍御的帮助下,张九成得以归国,从而一切开始变得顺利,忠孝两全和家人团聚终成现实。"潜回"作为喜讯,再度成为一个情感小高潮。

悲情的持续会引起审美疲劳,喜讯的到来则会让观众精神抖擞。接下来的情节发展,主要围绕邵氏被逼婚而去寺庙躲避、母亲和张九思收到张九成家书和张九成归国治吏三部分来写,最终在第四十出相会,大团圆的结局才真正浮出水面。

《香囊记》以团圆结尾,正是作者希望当朝者看到这由苦到甜的结局之后,能够正朝纲、名礼法。《香囊记》虽然是一个"喜剧",但剧情却一波三折,引起一个又一个高潮,观众在深刻的矛盾冲击下和激烈的情感影响下,得到了理性的反思和情感的升华。

三、《香囊记》结构安排中的"技"

杨义所说:"结构一词,在中国词源上看,是动词,或具有动词性。"在文本中,一个人物和事件的安排都具有深刻意义。

《香囊记》的文本时间明显要比叙事时间长,时间的表述基本上是一笔带过,而时间因素的减弱更有利于情节结构的突出,结构设置的好坏直接影响到文本的内蕴和作者的表达。该剧本是由每一出结构起来,具体表现为铺垫、高潮、过渡、沉淀、结局。同时,线索也是通过结构隐藏在文中的,结构和线索不可分离,必须共同讨论。《香囊记》的线索可以分为两种。一种是从角色入手,分为两部分。第一部分即第一出至第二十六出,一方面通过以张九成为主的张氏兄弟的坎坷做官经历来表现忠孝的义理,另一方面从媳妇邵氏在张氏兄弟进京考试后,尽心孝敬婆婆崔氏体现古代传统的孝礼。两方面交叉出现,相互作用,渲染文本气氛,突出忠孝主题。另一部分即第二十七出至第四十二出,邵氏与周老妪相依为命,张九思与母亲崔氏避难朋友家,张九成归来,三方分开独立发展。另一种则是从深层的主题入手,由忠孝不能两全到忠孝两不全到最后的忠孝两全,前两个是表层技巧性,最后一个则是深层哲理性,由悲到喜,波澜起伏的表达孝友忠贞节义。这三者相辅相成,缺一不可。除了线索的交叉出现外,《香囊记》中张氏一家基本都是主角,每一个人物都构成了一个小故事,在文本中这两条线索和每个角色的故事相互交错,布局合理。

开篇第一出"家门"便点名中心"传奇莫作寻常看,识义由来可立身",“孝友忠节义,生动朝廷",以及那一首总结性的五言诗。如果将第一出和最后一出的五言诗相连接,可谓是首尾相连的文本结构,这就把五伦主题确定下来,使得观看者在第一出时便对传奇主题有所理解,接下来便是具体展开,吸引观众。

从第二出到第十三出,属于情节和感情的铺叙阶段。而情节的铺叙必定是为高潮做铺垫。从第十四出“点将"到第二十二出“羁虏",剧情的高潮到来。主题由“忠孝两难全"转到“忠孝均不全",矛盾得到最大的深化和激发。第十四、十五出中张九成在边塞尽忠的部分,连用两出,这在《香囊记》几乎一出换一场景的结构中,显示出这两出戏的重要性,突出体现了张九成的忠坚职守,也有其特定的社会意义。同时,两出戏的安排也能让观众看得淋漓尽致。第十七出“香囊"点题。其实,第七出已经通过渔翁的题诗点出了以后剧情的发展,这可以引起读者的猜想和兴趣。而关键性的紫香囊在第十七出中出现,再一次唤醒了读者的记忆和当时的情绪,前后照应更能激发读者和观众的悲情。在此部分,士兵捡得香囊,“及早逃奔回家",可见香囊作为重要角色,促进将要发展的剧情。第十六出充分表现出家人对张九成的担忧和思念,而此时香囊的出现会产生悬念而引起读者和观众的联想,香囊丢失是好是坏,会让读者和观众内心一惊,第十六出的悲情也会影响读者和观众的联想。同时,战争带来的痛苦也从一个平凡的士兵角度表现出来,这便加深了文本的悲剧色彩。“自古道赢军一万,自损三千",战争是极其残酷的,“军中苦"才是从军的真实情况。而从形式上看,香囊一出是最短的一出,简单的形式既点明主题,又设置悬念,更能引起读者和观众内心的活动。从感情上既与第十六出一脉相承,又在结构剧情上为下文埋下伏笔。

总之,从第十四出到第二十一出,情节紧密相连,线索时隐时现,特别是第十四出到第十八出,悲喜的交替,每一出长短的设计,画面的连接,悬念的设置,使得忠孝两不全到忠孝均不全完美地呈现出来,更是将读者和观众的体会推到顶点,体会忠孝的矛盾和无奈的悲情。

第二十二出到第三十一出,虽然只是更加的缓慢而没有前一部分矛盾冲突爆发的激烈,但每一出的设置在结构上定会有其特定的作用和意义。第二十七出开始,人物线索转换——即邵氏贞娘与周老妪相依为命,张九思与母亲崔氏避难朋友家,张九成归来的分开独立发展。为了突出孝友忠节义的主题,必须将友节义的情节设计穿插在以忠孝为主的总结构中,人物境遇的转换便起了这样的作用。比如"辞婚"一出体现了张九成"怎肯背义忘恩绝大伦"的节,"义释"一出写"抑强制暴,恤寡周贫"的义,"避难"一出写老妇人周氏的回报前恩等。这些都是在本来忠孝均不全的情况下,作者安排缓和紧张悲情的情节,既突出了其他义理,又能减缓该部分太过绵长的悲情叙事。其中第二十三出值得注意。第二十三出"问卜"是全剧中唯一与神秘宗教相关的,而且设置在中间部分,很有意思。问卜的结果预示了张九成必能回来,但家人分离也是必定。这是对张九成结局的预设,也是对北宋破亡,迁都临安导致士民奔走,人家播荡的开启,显然这是隐性的设置。但它深层的意味是上天在当时的百姓心中有着神秘的决定未来的作用和重大意义,但上天安排的未来是否如此,同样也会让百姓存疑。因此,这一出戏看似简单,实则隐晦地告诉观众"吉凶全然未保"。而最后团圆的结局应证了卦象的吉凶,这将忠孝与神秘宗教相联系,加强了忠孝五伦的意义。

结局既然应是团圆,从第三十一出"潜回"到第四十一出"酬恩",感情由悲转喜,剧情开始往好的方向发展。前面一些埋伏也逐渐清晰。这一部分,"潜回"不仅对张九成意义重大,更是对整个传奇的发展有转折性作用,使得义理五伦的表达加强。"潜回"承接前一部分家人离散、忠孝不全的悲苦,但这一出一转,"十年风尘游宦",王侍御舍己为人,识大局,甘愿放弃自己归国机会,转而让给张九成。只因"见义不为无勇。一则可以雪二帝之愤,而尽臣子之职。二则可以全足下骨肉之情,而尽朋友之义。一死何憾"。机会转让,可以使王侍御既以另一种方式尽臣节,更能成全其"为义是从",既可以让张九成在回国后铲除奸佞,更有希望回家见到母亲和妻子。这可以说是天大的喜讯,可以"忠义两能竭"。仅仅一出戏的设计便将王侍御的高大形象描摹出来。这一角色在文本结构中设置的巧妙合理,简单的一出戏就将其精神品格放大,他的出现和舍己为人的行为,恰如其分地解除了文本中最大的矛盾——忠孝均不全,最大的悲情可能通过这个角色逐渐化解。所以,王侍御这一角色的功能既是为了推动情节的发展,更是为了体现友、节、义的深层主题。于是，观看者的情感也在角色和情节的互相推动中默默转化。

在最后几出中，线索更加清晰，人物形象也越来越完整，"仁义礼智信"的主题也逐渐彰显。总之，在文本中，每一出都有独特的作用，有的是几出连在一起推进情节的发展，有的则是单一一出改变故事发展方向，它们为主题服务，又为自身所创立的文本服务。

四、总　结

《香囊记》的主线是深层次的五伦表达，以主要的忠孝为线索，穿插几出戏表现"友、节、义"的主题，结构安排轻重得当、主次分明，充分表现了结构安排和人物安排的匠心独具。而将忠孝五伦放置在社会矛盾尖锐的大背景下来写，也是提升了五伦坚守不易的震慑力，让读者或观众在观看过程中加以思考和琢磨。虽然文本过长，但是线索转换是为了更多情节的铺陈，结构的紧凑和缓也有调节气氛的作用，最重要的则是通过"技"来表现"道"，通过情节结构，使得文本秩序得到整理，气脉得到贯通，境界得到完善，从而表现更深层的意义。忽略《香囊记》悲情过多产生的审美疲劳，它很好地融合了结构的"技"与文本的"道"。

《香囊记》能通过线索和结构技巧的改变深化忠孝矛盾，旁插其他义理，照顾主角发生故事，缓解文本情绪等，实在厉害。邵灿想要通过当时熟悉的文本表达方式来感染士大夫和统治阶层，是适应当时文人对叙事文学样式的理解而想到的办法，具有深刻的文学意义。

参考文献

[1] 杨义.中国叙事学[M].北京：人民出版社，1997.

[2] 朱东根.《香囊记》的"义"与"艺"[J].海南大学学报（人文社会科学版），2009(06).

[3] 张宇芬.试论邵灿与其《香囊记》[J].知音励志，2016(13).

[4] 马琳萍，朱铁梅.从《香囊记》中的"传注语"看程朱理学对明清前期戏曲创作的影响[J].社会科学论坛，2010(15).

中国现当代文学

诗歌缅怀和范爱农事件的直诉式书写

——论《哀范君三章》中的情感三层次

任金刚

摘　要　鲁迅作品涉及其好友范爱农的,有悼念他的旧体诗《哀范君三章》,有直接以其命名的散文《范爱农》,还有以他为原型的短篇小说《孤独者》。其中,《哀范君三章》是鲁迅关于范爱农的作品中最早被创作出来的。诚然,各种文学体裁在艺术表达上都有着其各自的优势,而诗歌无疑是其中最能直接表达作者情感的体裁。文本在将鲁迅的这一组诗歌看成一个整体的基础上,根据范爱农、现实社会、作者自身这三个情感表达对象,分析了分别与它们相对应的悼亡、悲愤、忏悔三个不同层次的情感。

关键词　鲁迅;范爱农;《哀范君三章》;情感

哀范君三章

其一

风雨飘摇日,余怀范爱农。华颠萎寥落,白眼看鸡虫。

世味秋荼苦,人间直道穷。奈何三月别,遽尔失畸躬。

其二

海草国门碧,多年老异乡。狐狸方去穴,桃偶已登场。

故里寒云恶,炎天凛夜长。独沉清洌水,能否涤愁肠。

其三

把酒论当世,先生小酒人。大圜犹酩酊,微醉自沉沦。

此别成终古,从兹绝绪言。故人云散尽,我亦等轻尘。①

---

① 周作人:《药味集》,北京十月文艺出版社2012年版,第23页。

　　《哀范君三章》是鲁迅为悼念其溺水而亡的故友范爱农而写的一组诗。这组诗歌由鲁迅自荐并署名"黄棘"，发表在绍兴的《民兴日报》上。周作人在他的《关于范爱农》一文中提及此事："题目下原署真名姓，涂改为黄棘二字，稿后附书四行，其文曰：'我于爱农之死为之不怡累日，至今未能释然。昨忽成诗三章，随手写之，而忽将鸡虫做人，真实奇绝妙绝，辟历一声……今录上，希大鉴定家鉴定，如不恶，乃可登诸《民兴》也。天下虽未必仰望已久，然我又岂能已于言乎。二十三日，树又言。'"①从这段文字可以窥见三点信息：一是鲁迅对范爱农的感情之深，范爱农的死使他"不怡累日"。二是鲁迅除了借此组诗悼念好友外，更有其针砭时弊的用意。这是一篇悲愤的挽歌，也是一篇战斗的檄文，②所以才对"将鸡虫做人"的神来之笔赞叹不已。三是鲁迅自荐文章给报刊发表，又可见鲁迅心底里对此事的重视。鲁迅在其 1912 年 7 月 22 日的日记中这样写道："大雨，遂不赴部。晚饮于陈公猛家，为蔡子民饯别也，此外为蔡谷青、俞英厓、王叔眉、季市及余，肴膳皆素。夜作均言三章，哀范君也，录存于此……"③从这段日记中又可得知两点信息：一是鲁迅写这组悼亡诗时的心情是十分复杂的。其中不仅仅有对好友亡故的沉痛，也有对既是上司又是同乡兼好友的蔡元培的离职的愤懑。当然这些好友的境遇无一不是当时黑暗的社会时局所造成的，所以其中也充满了对时局的失望和愤恨之情。二是可知鲁迅的这组诗是在同一时间，即 7 月 22 日晚一气呵成写作的。把握这一点是很重要的，它是准确解读这组诗歌内蕴一个十分重要的客观前提——说明诗中所包含的情感是一个整体，因此解读时分开来逐首分析不如将其看作一个统一的整体来分析更加合适。下文在此基础上将从悼亡、悲愤、忏悔三个层次由浅入深地对鲁迅《哀范君三章》的情感内蕴进行分析。

---

　　①　周作人：《药味集》，北京十月文艺出版社 2012 年版，第 23 页。
　　②　秋疏：《写在辛亥革命之后的悲愤挽歌——鲁迅〈哀范君三章〉试析》，《学习与思考》（中国社会科学院研究生院学报）1981 年第 6 期，第 11 页。
　　③　鲁迅：《鲁迅全集》（第 14 卷），人民文学出版社 1982 年版，第 10 页。

一、"敬奠"亡灵的悼亡之情

悼亡这一层面的情感是为他的挚友范爱农而抒发的。范爱农与鲁迅年龄相仿,曾一同在日本留学,又是同乡。但二人的友情却并非是在初次见面就开始的,初见反而都没有给对方留下什么好的印象。范爱农对鲁迅的第一印象因为鲁迅的"摇摇头",觉得他看不起他们而心存了芥蒂,而鲁迅对范爱农的初始印象则是因为他在同乡会上反对鲁迅一派给被杀的徐锡麟(范爱农的老师)发电报痛斥满政府的无人道而认为的"中国不革命则以,要革命,首先就必须将范爱农除去"①。二人的友情是在故乡重逢,化解了先前的矛盾之后逐渐加深的,之后两人成为挚友。直到 1912 年,鲁迅受蔡元培的邀请赴南京去教育部任职,5 月又随教育部迁往北京,二人始分别。1922 年 7 月 19 日鲁迅在日记中写道:"晨得二弟信,十二日绍兴发,云范爱农以十日水死。悲夫悲夫,君子无终,越之不幸也……"②五月一别,七月便得好友死讯,始有"奈何三月别,遽尔失畸躬"之感叹。好友生前的音容笑貌却始终浮现在鲁迅的脑海里。

"华颠萎寥落,白眼看鸡虫。"在散文《范爱农》一文中,关于范爱农外貌的文字有:"这是一个高大身材,长头发,眼球白多黑少的人,看人总像在渺视。"③这是青年时期的范爱农。"他眼睛还是那样,然而奇怪,只这几年,头上却有了白发……"④这是经历了退学,在故乡受到"轻蔑,排斥,迫害"之后的范爱农。到诗歌中华发稀疏,几乎露出头顶的范爱农(大概是鲁迅与其离别时期的样貌),可见其短暂的一生所经历的痛苦,尤其是精神上痛苦的心路历程,使他憔悴而先衰。唯有那"举世皆浊我独清"的白眼还透露着其骨子里"畸人"的魏晋气质。"把酒论当世,先生小酒人"两句与"白眼看鸡虫"一句有着异曲同工之妙,将范爱农的性格特征形象于笔端。非交心之挚友,不能写

---

① 鲁迅:《鲁迅全集》(第 2 卷),人民文学出版社 1981 年版,第 325 页。
② 鲁迅:《鲁迅全集》(第 14 卷),人民文学出版社 1981 年版,第 10 页。
③ 同①,第 311 页。
④ 同①,第 312 页。

出这样的句子。

　　然而心里的记忆越是深刻明晰，生者的内心必然越是痛苦。不过鲁迅的深刻之处在于，痛苦的同时，仍旧保持着其似乎与生俱来的手术刀一般冷静而锋利的思索。"独沉清洌水，能否涤愁肠"便是鲁迅在承受失去好友的巨大痛苦时，依然保持着理智之思辨的句子。一方面流露着鲁迅对范爱农之死的无比悲伤和痛惜，另一方面却也显示了鲁迅对范爱农之死的深刻反思。他反思的是"死"作为一种抗争方式的可取性和可靠性，也反思"死"在这个昏暗的社会作为知识分子的一种选择的价值，更加反思的是这个"风雨飘摇"的社会和社会中的人民的可"哀"与可"怒"。

二、剑指时弊的悲愤之情

　　悲愤这一层面的情感是直指当时令人失望的社会的。第一句"风雨飘摇日"便切中这一情感主旨的要害。根据鲁迅 1912 年 7 月 22 日记："大雨，遂不赴部……"一句，可见"风雨飘摇日"乃为纪实。① 同时，1912 年就个人而言，也是鲁迅和范爱农在家乡受"王金发他们"排挤与迫害的时日；就国家而言，又是辛亥革命胜利的果实被袁世凯窃取的时日。所以这一年对于这对兄弟和这个国家而言都可谓是"风雨所飘摇"的多事之秋。

　　"世味秋荼苦，人间直道穷"两句直说世味之苦有如秋荼，人间直道有时而穷，悲叹逝者，也以自况。② 同时也是对社会现状秉笔直书式的揭露。因为这是一个"狐狸方去穴，桃偶已登场"的社会。在故乡绍兴，光复之后虽然"……满眼是白旗。然而貌虽如此，内骨子是依旧的……王金发带兵从杭州进来了，但即使不嚷或者也会来……在衙门里的人物，穿布衣来的，不上十天也大概换上皮袍子，天气还并不冷"③。在北京，清政府刚退出舞台不久，袁世凯便窃取了革命的果实，粉墨登场了。

---

① 郜元宝：《鲁迅六讲》，北京大学出版社 2007 年版，第 285 页。
② 同①，第 286 页。
③ 鲁迅：《鲁迅全集》（第 2 卷），人民文学出版社 1981 年版，第 314 页。

身在北京的鲁迅,想起自己眼见故乡光复时那令人失望的种种,在加之好友范爱农的死讯,故有"故里寒云恶,炎天凛夜长"的感叹,同时又亲身经历着北京政局的动荡和更迭的政治乱象,又不禁感叹"大圜犹酩酊"。整个世界都在大醉之中,那么深陷其中的芸芸众生,即使是个别的有识之士,也不得不在这样恶劣的环境当中无可奈何又别无选择地"微醉自沉沦"了。

鲁迅对于同辈好友或者青年人的死,在其名作如《纪念刘和珍君》《为了忘却的纪念》《秋夜》等中都有涉及。和《哀范君三章》一样,他都用文学的方式,以笔代剑,在表达自己无比痛惜的情感的同时,直指社会病灶的要害,对荒谬的现实进行质问,也借此对自身进行一番反省。

三、自我剖析的忏悔之情

忏悔这一层面的情感是鲁迅用来反思自我、观照自我的。这自我解剖式的精神反思,有两个方面:一方面因为好友范爱农的"水死",鲁迅作为他的挚友,对自己不能够在生活和精神上给予范爱农更多的支持而感到自责与后悔。"我从南京移到北京的时候,爱农的学监也被孔教会会长的校长设法去掉了。……我想为他在北京寻一点小事做,这是他非常希望的,然而没有机会。他后来便到一个熟人家里去寄食,也时时给我信,景况愈穷困,言辞也愈凄苦。终于又非走出这熟人的家不可,便在各处飘浮。"[①]可见鲁迅在北京时,还与范爱农保持着频繁的通信,这一点在鲁迅 1912 年 5 月的日记中也可证明:

> 5 月 15 日　　上午得范爱农信,九日自杭州发。
>
> 5 月 19 日　　……夜得范爱农信,十三日自杭州发。
>
> 5 月 23 日　　晨寄范爱农、宋子佩信。

从这几则日记的内容可知,鲁迅在到北京之初,收到的第一封和第二封信都是范爱农的,他寄出的第一封信也是写给范爱农的。结合上

---

① 鲁迅:《鲁迅全集》(第 2 卷),人民文学出版社 2012 年版,第 316 页。

文中他散文中所写，可见鲁迅对范爱农不得其所的生活境遇是十分了解，也常挂于心的。

　　"别来数日矣，屈指行旌已可到达。子英成章已经卸却，弟之监学则为二年级诸生斥逐，亦于本月一号午后出校……"①（1912 年 5 月 9 日范爱农致鲁迅的信）"师校情形如是，绍兴教育前途必无好果……省中人浮于事，弟生成傲骨，不肯钻营，又不善钻营……"②（1912 年 5 月 13 日范爱农致鲁迅的信）。从这两封范爱农的信中，可知其当时生活的窘迫和失意。所以鲁迅希望能在北京帮他找个工作，可是因为种种现实原因，不能实现。以至于在别后短短的三个月后听到范爱农的死讯，悲伤、不平、懊悔的情绪夹杂在一起，于是才有"世味秋荼苦，人间直道穷"的愤懑，恨不得如阮籍在"车迹所穷"处大哭一场；于是也才有"此别成终古，从兹绝绪言"的遗恨。

　　鲁迅内心忏悔的另一个方面是为着自己的。如上文所述，这组诗中既有为挚友哀悼，对社会予以鞭挞的激烈情感，但同时也带着鲁迅常有的冷静的思辨，如"独沉清洌水，能否涤愁肠"一句中的反问和质疑。鲁迅这一锋利而冰冷的思想之刃不仅是对外的，也时常对准他自己。尤其是诗中"故人云散尽，我亦等轻尘"两句，超越了哀悼和批判的具体情感，上升到了自我思辨的哲学高度。如果说这组诗中的其他句子是向外的话，那么鲁迅在这组诗歌的最后，进行了超越和回归：超越了感性之维，回归到自我的、抽象的、理性的世界。

　　最后的两句，鲁迅在艺术上将人自然化、哲学化、永恒化了。故人如飘忽不定的天上之流云，云卷云舒之间，时间的脉动不过只是演绎了"天地终无情"这几个字。而同样是在自然面前渺小的"我"呢？——"我亦等轻尘"——我也只不过是世界微尘里的一粒而已。鲁迅在《补天》一篇中讲了女娲用泥土造人的故事，泥作为生命的最初，人的死也不过是重新归于尘土而已。这是鲁迅生命意识的一个层面，在他的"自我忏悔之书"——《野草》中表现得尤为突出。创作《野草》时，鲁迅在强烈的失败意识驱使下，很自然地将自己从过去的理想跌落到今日的现

---

① 周作人：《周作人谈鲁迅》，北方文艺出版社 2014 年版，第 67 页。
② 同①，第 67 页。

实的过程概括为"不生乔木,只生野草"的一种"罪过"^①;而《野草》的全部诉说无非围绕"这是我的罪过"而发,其所针对的则是"过去的生命"。^②范爱农的死作为一个事件所折射出来的社会现实,以及牵引出来的鲁迅关于之前种种个人际遇的自我剖析,在这一组诗歌中隐秘地折射出来,或许在写作这组作品时,《野草》式的自我反思和忏悔的种子就开始悄悄埋下了。最后,必须要提出的是,这里所说的"忏悔"并不是基督教文化中的忏悔,而是鲁迅在自己深邃的思想基础之上,以文学的形式对自己精神世界的自觉的观照。鲁迅的"忏悔"不是宗教式的,而是文人式的。

参考文献

[1] 鲁迅.鲁迅全集:第 2 卷[M].北京:人民文学出版社,1981.

[2] 鲁迅.鲁迅全集:第 14 卷[M].北京:人民文学出版社,1981.

[3] 周作人.药味集[M].北京:北京十月文艺出版社,2012.

[4] 周作人.周作人谈鲁迅[M].哈尔滨:北方文艺出版社,2014.

[5] 郜元宝.鲁迅六讲[M].北京:北京大学出版社,2007.

[6] 秋疏.写在辛亥革命之后的悲愤挽歌——鲁迅《哀范君三章》试析[J].学习与思考(中国社会科学院研究生院学报),1981,(6).

① ② 郜元宝:《鲁迅六讲》,北京大学出版社 2007 年版,第 186 页。

知识分子"还乡"的不同展现

——鲁迅《故乡》与黄孟文《再见惠兰的时候》之比较

金　莹

摘　要　鲁迅先生的《故乡》其实是想表达对精神"故乡"逝去的失落与无助。小说中,作者将不同时期下的故乡进行对比描写,使得小说韵味悠长,引得无数作家争相阅读、模仿。而新加坡作家黄孟文的《再见惠兰的时候》很明显受到了鲁迅先生《故乡》的影响。两篇小说虽在情节结构、表现手法上极其相似,但其主旨内涵与视角切入上却有着极大的不同。因此本文将从上述四个方面入手,来分析两篇小说的异同,以期能通过对作品的分析,更好地了解作家们的创作。

关键词　鲁迅;黄孟文;《故乡》;《再见惠兰的时候》;主旨;表现手法;情节结构;视角

一、引　言

鲁迅先生在五四前后所写的作品影响十分大,得到了许多作家的效仿。而黄孟文(笔名孟毅)是世界华文文学界享有盛誉的作家,也是世界华文文学界少有的"三栖作家"。他的《再见惠兰的时候》同样也受到了鲁迅先生作品的影响。总的来说,两篇小说的创作可谓是不同文化之间的交流与互通。因而"尽管在人类文明史上,不同地域、国别、种族的文化交流始终存在着,但是,一种文学(文化)系统的特质却永远无法被另一种文学(文化)系统所完全接受和吸纳"[①]。所以我们在

---

① 王志耕、段守新:《不同结构的"为人生"——两篇〈狂人日记〉的文化解读》,《南京大学学报》(哲学·人文科学·社会科学版)2009 年第 1 期,第 131 页。

通过比较两篇小说的异同之余,也是在通过文本了解他们的创作,更是通过他们的创作来深入了解他们的写作背景与其所处的社会环境。

二、情节结构、表现手法的相似

黄孟文的小说《再见惠兰的时候》在情节结构、表现手法上都与鲁迅先生的《故乡》十分相似。究其原因,一方面可能是由于当时的新马(新加坡和马来西亚)社会已经普遍受到鲁迅作品、鲁迅精神的影响。据了解,20 世纪 20 年代以来,"鲁迅已被镶嵌在新马华文文学史(指新加坡和马来西亚的华文创作)之中,新马文坛上出现过鲁迅腔、鲁迅体、鲁迅风,鲁迅的影响一直延续到今"[1]。而在王润华的《华文后殖民文学》一书中也曾提到当时新马社会崇尚鲁迅的现状:"几乎所有在战后推崇鲁迅的文章,都重复表扬鲁迅的战斗精神。譬如高扬(流冰)也说:'我们现在需要的正是鲁迅先生一样的战斗精神。'因为在战后,马来亚共产党要以鲁迅来左右群众的思想行为,更进一步用他来鼓动群众,以实际行动来与英国殖民主义与资本主义战斗。"[2]因而可以看出鲁迅先生不论是在战前还是战后,都已成为新马社会中马来亚共产党极力宣传与鼓动群众的一面旗帜。因此在这种环境下,在社会普遍宣扬鲁迅作品、鲁迅精神的氛围中,黄孟文的《再见惠兰的时候》与鲁迅先生的《故乡》有着相似之处也就不足为奇了。

环境影响的因素固然重要,但作家自身的因素也尤为重要。黄孟文在新加坡南洋大学、新加坡大学读书以及任《民报》副刊编辑期间,广泛阅读各类古今大师的名篇佳作,积累了丰富多样的写作素材和写作模式。此外,作家之间所产生的共鸣更能让黄孟文有所作为。他是"二战"后逐渐成长起来的新马华文作家。对他来说,由胶园、矿场围绕的故乡在社会的动荡中已经成为逝去的童年记忆。在他的脑海中一面是温馨美好的传统社会,一面是破旧不堪的现实生活。因此在这个层面

---

① 颜敏:《鲁迅与新马华文文学中的故乡书写》,《鲁迅研究月刊》2015 年第 5 期,第 55 页。

② 王润华:《华文后殖民文学 中国、东南亚的个案研究》,学林出版社 2001 年版,第 59—60 页。

上,黄孟文与鲁迅先生有着相似的故乡经历,这也引得小说《再见惠兰的时候》在各个方面可见对鲁迅先生《故乡》的借鉴。

(一)情节结构的相似

在两篇小说中,都是离乡已久的"我"再次回到故乡。在外漂泊的"我"怀着对家乡美好的向往与期待,以崭新的眼光来看待即将到达的故乡。然而在鲁迅先生的《故乡》中,"我"看到的却是萧条冷清的一排排破旧的屋子,被生活中因多子、饥荒、苛税、兵匪官绅折磨得犹如木偶人的闰土以及爱贪小便宜、自私市侩的圆规似的杨二嫂……现实中所看到的人与景都与自己记忆中的千差万别,两者的落差让"我"的内心跌到了谷底。而此时的"我"还想与闰土回忆起往昔的欢乐时光,闰土的一声"老爷"彻底打消了"我"想要挽回现实的希望。而那时"我"的心情由复杂最后归于万分失落。闰土、杨二嫂他们的种种变化,都是由精神状态的改变所引起的。受封建礼法制度的影响,他们的精神受到腐蚀,变得自私、麻木,因而使得作家通过他们看到了精神"故乡"的衰败,以及对它的失落之感。

而在《再见惠兰的时候》中,新利谷中的人们个个都是"今日不知明日粮"的状态。作为大学生回家乡的"我"重遇了儿时的伙伴——惠兰,但此时的惠兰已是九个孩子的母亲。在"我"以往的回忆中,惠兰一直是那个聪明伶俐而又充满着勇气与活力的小女孩。儿时美好的形象与现实中操劳、憔悴的中年妇女形象相映衬,那时的"我"才会发出时势变幻、命运多变的感慨,以至于当"我"看到与惠兰长得十分相似的大女儿时,"我"的内心不是喜悦,而是想到她的大女儿在 10年、20 年后是否也会同她母亲一样一辈子为着生计而奔波劳累。那时的"我"感受到这是贫穷生命在时代变革中的不断轮回,让人不禁感慨万分。

两篇小说都描绘了"我"重回故乡以后,看到现实中的故乡与记忆中怀念的故乡已截然不同,儿时的伙伴、儿时美好的记忆都已经物是人非,让"我"回乡的心情渐渐变得沉重不堪。

(二)表现手法的相似

在两篇小说中,作者都采用了第一人称的叙事视角以及大量插叙的叙事手法,使得两篇小说看起来内容丰富,前后连贯。而其所描绘的故事有着意味深长的深刻内涵,值得读者细细琢磨与探讨。

1. 第一人称的叙述视角

第一人称,小说的叙述人称之一,是叙述者以"我"自称的一种叙述人称。这个"我"作为作品中的一个主要人物或次要人物,既是生活事件的观察者,又是小说作品的叙述者。作品的全部内容都是从"我"的角度观察叙述出来的。[①] 因而小说从"我"出发,一以贯之,而我所没有看到、听到的事物都无法进行直接描写,只能通过人物的行动、表情等间接地表现出来。

两篇小说的开端、发展、高潮、结尾都是以我所看到、所听到、所感受到的来连贯行文。小说中无论是儿时美好的记忆、美好的伙伴,还是现实中破旧不堪的故乡,都是通过我的眼睛来描绘的。"我"作为作品中的叙述者,既是故事中的人物,有人物特有的情感,但同时也寄托着作者的思想。通过作为故事人物"我"的情感变化和经历来推动故事的发展,使得叙述者"我"和小说中的"我"达到了一种良好的结合。[②] 两篇小说使儿时的美好记忆与现实的残酷现状两者相互冲突,因而引得自己对现实状况产生了疑惑和痛苦。作品中的"我"与叙事者"我"在一定程度上形成了对立,两者之间产生了争论与思考,使小说产生了巨大的张力,引人入胜。同时叙述者"我"是想要通过这个故事以及作品中的"我"的所思所感来表现作品的主旨。

此外,两篇小说采用第一人称的叙述视角可以增强故事本身的真实性与可靠性,同时,也通过"我"的所思所感来拉近与读者之间的距离。通过对内容、人物、语言的重重描写,体现出作者对社会现状的关注与忧心,以及他们对造成这种现状的原因的阐释与批判谴责,从而反映出作家们幽愤深思的创作态度。

---

① 王先霈:《小说大辞典》,长江文艺出版社 1991 年版,第 60 页。
② 林云:《浅析鲁迅〈故乡〉的叙事艺术特点》,《名作欣赏》2013 年第 6 期,第 116 页。

2.插叙的叙述方式

插叙指"小说作者在叙述主要事件和情节的过程中暂时中断主要事情和情节的叙述，而插入另外的事件和情节片段，或做一些补充、交代和说明，作为主要事件的一个补充，待插叙结束后，再接着前面中断了的主要事件和情节继续叙述，这插入的部分就是小说的插叙"①。因而鲁迅先生的《故乡》和黄孟文的《再见惠兰的时候》总体来看都是描述了回到故乡后的所思所想所感，是沿着故事的时间发展来行文的，但是细细阅读便可发现，两篇小说都是在顺叙发展中插入了不少回忆的部分。

在鲁迅先生的《故乡》中，当母亲提到闰土很想念"我"，要来看"我"时，"我"的脑海里便浮现出儿时"我"与少年闰土的一段奇妙有趣，同时又印象深刻的相处片段。这段交往也成为"我"对童年，乃至对家乡的一段美好记忆。这里采用的插叙打断了原先的时间叙事，在这段插叙中刻画、丰富了儿时闰土的形象，也与后来现实中闰土的中年形象形成了强烈的对比，表现了同一个人在不同时期的精神状态以及社会环境、封建文化因素对人的影响与残害。同时也从侧面传达出主人公以及作者对精神"故乡"幻灭的失落与无助。

而在黄孟文的《再见惠兰的时候》中，当"我"知道要见到阔别了近20年的儿时的伙伴惠兰时，"我"始终不能把她从心里驱逐出去，从而使自己陷入了回忆之中。回忆中的惠兰学习认真，成绩优异，在办事能力上也胜人一筹。就是这样一个形象，一直盘踞在"我"心中，但当"我"看到那个满脸皱纹的中年妇女时，"我"的想象与现实产生了冲突，原先的希望与现今的失望交织在一起，使"我"感到万分的矛盾与惆怅。而看到与她相似的大女儿时，"我"竟生出"她们的命运也会像她们的脸型那样相似么"的感慨。

两篇小说都通过在原本叙述中插入回忆的方式来刻画人物的形象，使得叙述的主要事件和情节更为连贯丰满。小说将"我"回忆中的美好形象与现实中所看到的形象相映衬，两者形成了巨大的张力，给予

---

①　王先霈:《小说大辞典》,长江文艺出版社 1991 年版,第 57 页。

我们情感上的强烈冲击,引得我们进行深入的思考。另外,两篇小说中的种种回忆都是美好的代名词,是"我"对生活、社会的希望,但当"我"回到现实中,穷困、麻木的人间众相,荒芜、悲凉的周边环境,却使我对现今的生活状态、社会环境感到层出不穷的失落。因而,两篇小说通过插叙的叙述手法,将社会变革对人的影响与异化刻画得入木三分,让读者在阅读的过程中感受到社会变革的压力与影响。

三、切入视角与主旨内涵的差异

虽然黄孟文的《再见惠兰的时候》与鲁迅先生的《故乡》在情节结构、表现手法等方面有诸多的相似之处,但因其所生活的时代、社会背景与鲁迅先生不同,因而相似的经历在不同的人眼中会有不同的关注与感官体验。同时王润华也曾提及两者的差异:"孟毅虽然受到鲁迅《故乡》的启示与影响,作者把旧中国荒芜落后的鲁迅式的农村全部瓦解,放弃他的中国情节,重建英国殖民地的马来亚一个橡胶园农村及其移民,从题材、语言到感情都是马来亚橡胶园,矿场地区的特殊经验。"①华裔的身份带给黄孟文不同的生活体验与人生阅历,同时也能让他用更为广阔的眼光来看待底层华人在社会动荡中颠沛流离的生活境遇。

(一)切入视角的差异

1.着眼于男性处境的《故乡》

在鲁迅先生的《故乡》中,作者着重描写与刻画的是儿时的伙伴——闰土。儿时的闰土充满朝气,活泼开朗,仿佛有着用不完的力气,让"我"对外面的世界充满无限的向往与热爱。而当"我"长大后再次回到故乡见到闰土时,灰黄的圆脸,像松树皮似的开裂的手掌,是闰土,但却不是我记忆中的闰土了。此时自认为"懂事"的闰土严格遵循着严苛的等级制度,但此时的他似乎变得麻木、可悲,如木偶人一般失

---

① 王润华:《华文后殖民文学 中国、东南亚的个案研究》,学林出版社 2001 年版,第 70 页。

去了以往的活力。

作者将闰土作为主要的描写对象,将记忆中闰土的形象与现实中闰土的形象进行对比,体现出闰土在过去的时光中,其生活境遇和精神状态遭到了多么大的打击,以至于到了现在这个处处为难、频频引人落泪的境地。将闰土这一男性形象作为小说描写的重点,突出表现其在封建等级制度影响下,精神状态不断受到冲击与改变的现状。而且在小说中,不论是宏儿与水生的交好,还是几十年前"我"与闰土的交往,其着眼点都在于男性群体在社会中的生存发展,因而可以将小说看作是以描绘男性处境为主的。

2. 着眼于女性处境的《再见惠兰的时候》

在《再见惠兰的时候》一文中,作者将描述的重点放在儿时的伙伴惠兰身上,是以女性为主要人物的。因而小说不在于描绘故乡的变化,而是着眼于女性的生存状态。儿时的惠兰聪明伶俐而又有着很强的办事能力,因而在"我"的眼中,凭借她的才能,应该会有美好的生活。然而当"我"20多年后再见到她时,她满脸皱纹的样子深深刺痛了"我"的心,让"我"顿时不知道怎样去面对她。如今她的形象与"我"回忆中的已是千差万别。30多岁的她,和"我"母亲站在一起时,就仿佛是"我"母亲的妹妹,年岁似乎相差无几。现实中的种种迹象都表明,儿时聪明伶俐的惠兰已经不复存在,只留下为着生计而辛苦劳作,提前步入中年时期的中年惠兰。她的才能,她的生活,都被男权社会狠狠地压在脚底,没有一丝反抗的可能。随着社会的不断变化、男权社会的不断压制,她的生活只能徘徊于社会的底端,因而她的精神状态随着生活境遇的下降而逐渐变得麻木,对碰到的任何事情都逆来顺受,毫无反抗之力。

在小说中,作者将惠兰的人生境遇作为描述的着眼点,将女性作为独立的一类,不仅放之于社会的动荡之中来表现社会变化对女性的影响,更是作为一类个体,来与其相对的男性做比较,处于男权社会中的像惠兰一样的女性,纵然聪慧,纵然能干,到最后都只是被男权所压制,毫无特例可言。同时在小说中,作者将惠兰起起伏伏的人生遭遇以及她因贫穷而失学,进而嫁人成为九个孩子的母亲的过程进行层层递进的描写,深刻表明了当时的环境是女性文化落后的不公平环境,由此也可看出女性在当时男权社会中的生存状态和境遇。而"我"对其大女儿发出的感慨体现着生命轮回式的悲惨遭遇,也从侧面暗示着女性处于末端的现状在男权社会中仍然会持续很长的时间,蕴含着对社会上男女两性不公平看待的思想的抨击与谴责,因而透过女性,可以更深刻地反映当时的社会现状。

(二)主旨内涵的差异

两篇小说中"我"的生活环境各不相同,因而他们所回到的故乡也有所区别。鲁迅别了 20 余年的故乡没有具体的地点指向,只是故乡。而黄孟文《再见惠兰的时候》回到阔别两年的旧地——新利谷,那个故乡是父母乡亲辛苦劳作的邦达金矿场、雨林胶园等围绕的故乡。由此看来,他们所要描绘、表达的内容也就有所不同,体现出各自不同的文学魅力。

1. 由景到人的悲凉气氛

鲁迅先生的《故乡》写于 1921 年,社会的风云变幻让鲁迅先生以更开阔、更深刻的眼光来看待这个社会。在他的小说《故乡》中,那时的他受到西方现代文明的启蒙,各种观念已经得到了更新,因而他是以一个现代进步知识分子的眼光来看待这个落后、破旧的故乡的。所以,我认为其在小说中想要表达的主要有两个方面:一是故乡环境的寂寥与残败。正如文中所说,"苍黄的天底下,远近横着几个萧索的荒村,没有一些活气"①,现实中的故乡竟是如此的荒凉与衰败,因而"我"的内心也不禁感慨万分。小说以景衬情,通过对景物的细致描写,来联系自己的内心情感,从而在开篇为小说定下了一个悲凉的基调。

二是想要表达人与人之间的隔膜,这也是作者想要着重表现的。故事中当"我"听到闰土时所带来的美好回忆以及迫切想要见面的愉悦之情,在见到中年闰土的模样,以及听到他的那一声"老爷"后消失得无影无踪,那时的"我"才感受到"我们之间已经隔了一层可悲的厚

---

① 鲁迅:《呐喊》,春风文艺出版社 2015 年版,第 66 页。

障壁了"①。当母亲仍亲切地要他按以前的称呼"迅哥儿"叫"我"时，他说道："老太太真是……这成什么规矩。那时是孩子，不懂事……"②闰土的不接受，他认为"这成什么规矩"时所反映的是闰土思想的改变。在闰土的成长过程中，他不断接受社会等级制度的影响，自觉地用尊卑贵贱来划分"我"与他之间的关系，他自认为的低人一等，无形中形成我们之间隔阂的同时，也亲手把"我"回忆中的美好故乡一一打破。而他内心观念的形成、社会环境的变化正是一直以来的封建主义、封建制度在不断影响、压制的过程。闰土的麻木，现实的萧条，让"我"感受到失落与无助。

鲁迅先生的《故乡》以回故乡处理祖屋的事情为开端，以他在故乡的所观所感来推进故事的发展，以豆腐西施、闰土的出现为高潮。主人公极力通过自己的眼睛来对他们现今的生活状态、精神现状进行对比描写。小说由景到人，不论是远远相望的寂寥的故乡景象，还是面面相觑的麻木、默然的儿时玩伴，都弥漫着一股死气，一股被封建势力压迫下的麻木迷茫。鲁迅先生在小说中紧紧抓住"人"这个根本，通过对他们生活境遇的描写来剖析人，剖析社会，从而针砭时弊，探及文化—心理的更深层次。由此看来在五四之后的鲁迅先生依然将创作着眼于抨击封建制度以及社会变革发展的弊端。他用自己独到的眼光、犀利的语言、深刻的内涵来提醒人们对精神状态的关注，同时也将国家救亡图存的生活与斗争不断纳入自己的创作中，用振聋发聩的声音不断影响着社会的历史进程。

2. 生死轮回式的本土书写

黄孟文的《再见惠兰的时候》是在 1969 年写的，他在鲁迅先生所写的主题上，又添加了不同的东西。虽然写的或许没有鲁迅先生那样寓意深刻，韵味犹长，但他的小说在地点、事件上更为具体、明晰，为我们呈现了一个本土化的故事。

《再见惠兰的时候》开篇就强调了"回到阔别两年多的旧地"，突出

---

① 鲁迅：《呐喊》，春风文艺出版社 2015 年版，第 76 页。

② 同①，第 77 页。

了第一个时间点是 1968 年前后，那是新加坡在经历种族暴乱后宣布从马来西亚独立出去之后的时间。而第二个时间就是 1945—1949 年，那时正是日本战败后，华人社会开始得到世界的关注，逐渐兴起的时段，而在小说中，正是"我"与惠兰一起接受教育的快乐时光。但在 1949 年左右，紧急法令雷厉风行的颁布，华人居民全部被迫迁移到一个个新村里去，在那时"我们家"和惠兰家渐渐失去了联系。这三个时间点的出现在一定程度上指出当时新马社会的起伏变化，同时这也是小说中惠兰失学、贫苦生活开始的预兆。将政治历史变化与小说中的事物、人物相联系，突出表现了其所内含的现实意义。

不仅如此，小说还将现实中所特有的事物一一放进这个小说的写作之中，使得小说所描述的地点具体而清晰，因而更具有明确的指代性。小说中华人们工作的邦达金矿场，在近郊新建的邦达小学，被殖民统治的移植区新利谷，以及供人们生活所需的杂货铺，都是当时确确实实存在的。作者将这些事物放在小说中，与人物相联系，在突出其本土特色的同时，也在反映现实环境对人潜移默化的影响与伤害。

其次，从故事内容来看，小说开头也像《故乡》一样描绘了故乡的景物以及故乡人们的生活状态。移植区的环境在两年内没有发生大的改变，人们还是处于"今日不知明日粮"的得过且过的状态之中。鸽子笼似的锌板屋林立，简陋的屋子在带给人们保护的同时，也在隐形之中禁锢着他们。这呈现了一个落后、发展缓慢的社会。而较之鲁迅先生的《故乡》来说，小说更为集中地描绘了"我"与惠兰之间的关系与发展。当"我"听到惠兰时，"我"脑海里浮现的她，是一个聪明伶俐而又充满着勇气与活力的小女孩。当"我"知晓她的境遇时，"我"的心中充满了一种难以言说的甜酸苦辣。后来"我"如愿见到她时，"我"的震惊、惶恐达到了极点。而当"我"想要以儿时称呼相称时，她却拒绝了："呦，以前是以前，现在你已经做了大官，我怎么还可以这样称呼你呢？"[①]那时的"我"才感受到时间已经在我们之间划下了一道无法填补的鸿沟，再也无法回到过去。因此"我"在看到与惠兰长得十分相似的大女儿时，才

---

① 江少川，朱文斌：《台港澳暨海外华文文学作品选》，华中师范大学出版社 2013 年版，第 221 页。

会为这个小女孩是否会有像她母亲一样为生活而辗转的命运感到迷惘。直到回家的路上,"我"的心还是吊着一块铅,一直向下沉。

综观整篇小说,其实都弥漫着一股悲凉以及难以逃脱命运的悲惨之感。无论是未出场的为生计而劳作的底层百姓,还是20多年未见却变化巨大、已是九个孩子母亲的惠兰,还是那个年幼但极有可能走上母亲道路的大女儿,他们都被生活压弯了腰,兢兢业业地为着温饱而努力。小说所要表达的不仅仅是"我"儿时的伙伴惠兰因为贫穷、社会动荡而使自己的才华夭折,更想要表达像惠兰一样的下层劳动人民承受着社会动乱、变革而使自己的生活不断变化的艰难困苦;同时也是在反映新马社会在不断变革中带给人们的影响与压迫,其直指当时的社会背景与社会环境,有着明显的现实主义特色,而且也带给读者一份历史的还原与警醒。

因此总体来看,黄孟文在《再见惠兰的时候》一文中以下层的劳动人民为主要描写对象,来书写他们在当时社会背景下的曲折人生,从而反映出社会动荡不安、社会分配不公、社会看待不同等问题带给下层劳动人民的种种磨难与痛苦。因而黄孟文的创作充满了人道主义精神关怀,同时其创作深入反映了当时的社会面貌,表现了对社会文明发展进程中人的生存发展问题的关心。除此之外,创作中各个具有本土特色的事物频频出现,也可看出他对国土家园的深深热爱。

四、结　语

时代、社会背景、个人经历、文化传统等各方面的因素决定了这两篇小说是不同时代、不同国家、不同历史条件下的作品。两篇小说虽有相似之处,但也有各自不同的特点。从整体上来看,黄孟文的《再见惠兰的时候》借鉴了鲁迅先生《故乡》的许多地方,如小说的情节结构、人物设定、表现手法等,但黄孟文的小说又在此之上根据自身的写作背景添加了一些创新,因而他的作品不能简简单单地看作是对鲁迅先生作品形式的"移植",而可以说是有选择性地"拿来",这也紧紧贴合了鲁迅先生所倡导的"拿来主义",可以看作是鲁迅先生思想的继承与实践。同时他的小说,深深植根于新马社会发展背景之下,继承了鲁迅小说不断斗争、不断启蒙的特点,并在此基础上根据不同的时代背景以及不同的文化传统,融会贯通,使之更为精彩。

参考文献

[1] 鲁迅.呐喊[M].沈阳:春风文艺出版社,2015.

[2] 江少川,朱文斌.台港澳暨海外华文文学教程[M].武汉:华中师范大学出版社,2007.

[3] 江少川,朱文斌.台港澳暨海外华文文学作品选[M].武汉:华中师范大学出版社,2013.

[4] 邵德怀.学者风度　文人风范——评黄孟文的小说创作[J].当代文坛,1997(02).

[5] 葛乃福.写出一个春天来——试论黄孟文的小说世界[J].台港与海外华文文学评论与研究,1997(04).

[6] 颜敏.鲁迅与新马华文文学中的故乡书写[J].鲁迅研究月刊,2015(05).

[7] 石川.狮城上空的对话——与新加坡作协会长孟文博士一席谈[J].新东方,1996(05).

[8] 朱文斌.作为"殖民者"的鲁迅[J].西南民族大学学报,2008(202).

[9] 林云.浅析鲁迅《故乡》的叙事艺术特点[J].名作欣赏,2013(06).

[10] 丘峰.黄孟文和他的小说创作[J].电视·电影·文学,1996(03).

[11] 刘俐俐.永远的故乡与鲁迅的返乡之路——鲁迅《故乡》的文本分析[J].中南大学学报(社会科学版),2006(01).

[12] 马晓莉.可悲的厚障壁——鲁迅《故乡》主题再思考[J].阿坝师范学院学报,2016(01).

[13] 丘峰.文学的现代流向[M].北京:中国三峡出版社,1999.

虹影小说中的灾难写作模式

——以《我们时代的献身者》为例

王　璐

摘　要　虹影通过对《秋灯丛话》卷十一《粤东癞女》一文的改编,创作了一篇关于传染病的未来灾难模式的文章《我们时代的献身者》。本文通过对比《我们时代的献身者》中的传染病和古文中的"过癞"现象,将作者的写作模式定位在灾难写作,并从俄国形式主义的角度来分析文章的艺术特色。除此之外,本文从作者的写作意图出发,分析文章中的中心思想。作者强调社会发展的历史也是人类的一部灾难史,对于灾难的书写重现了人类从古至今的灾难记忆,唤醒了人类的忧患意识。她的作品中还蕴含着对人类异化的深刻反思,一方面是社会快速发展下的人精神的巨大空虚导致秩序混乱,另一方面则是产生过度的欲望想要凌驾在自然之上,最后发生了无法挽回的悲剧。

关键词　虹影;麻风病;陌生化;反思

虹影通过对《秋灯丛话》卷十一《粤东癞女》一文的改编,创作出一篇关于传染病的未来灾难模式的文章《我们时代的献身者》。这篇文章定点于未来,以人与人之间滥交产生传染病传播全世界为主要内容,讲述了未来过度征服自然导致的古代旧疾病的卷土重来,详细地描述了男人和女人之间相互治疗、传染和报复的卑劣的人性和看似大同却十分恶劣的社会环境。虹影的《我们时代的献身者》题材新颖,内容糅杂了世界性的特点,语言具有较强的时代感,是作者对未来的大胆想象和书写。但与此同时也蕴含着作者的一些忧虑和警告,过度放纵欲望终究会发生灾难。

一、病菌变异型灾难题材

灾难的基本解释是自然的或人为的严重损害带来对生命的重大伤害。现实的灾难基本可以分为气象灾难、战争灾难、生物灾难、地质灾难等。但是虹影基于《秋灯丛话》一卷中粤东某地的逸事传闻，结合对未来的幻想所创作的未来灾难文，和传统的灾难题材有着明显的区别。它将灾难的主要原因归结于人类自身的疾病传播。

《我们时代的献身者》一文中提出病毒感染最早必定出现在女人身体上，在小阴唇左右两侧部位，会各出现一点小红疹子。只要在传染上病毒的最早一个月的红疹期做一次洗净性交，将病毒传染给男性，自身就能恢复健康。如果不这么做，过了一个月，女人脸上开始出现脓疮，那时就无可摆脱了。而感染的男人潜伏期却长达三个月，靠性交不仅不能褪去病毒，而且会继续传染给普通女性。虹影设定的传染背景和《秋灯丛话》相似，却也有所不同。《秋灯丛话》卷十一第十五篇："粤东某府，女多癞病，必与男子交，移毒于男，女乃无患，俗谓之过癞。"①讲明女子身上的癞病多为娘胎中带来的，与《我们时代的献身者》中一样通过性交将病转移到男子身上，但是并未提及男子是否可以再将病传染给女子。与其内容相似的《夜雨秋灯录》中的《东野砧娘》和《麻疯女邱丽玉》，或者是《潜庵漫笔》中的《过癞》内容讲的都是麻疯女的故事，但均未提及反传染这一个方式。

作者虹影是在借鉴麻疯女病症的基础上，对现文进行了一些精心改编，这种相互传染转移的病毒方式类似我们所知的 HIV 病毒，这种病毒可以治疗但是无法治愈。跳出了现实灾难的几种类型，作者将时间定在未来，她设定未来的世界无国界之分，交通便利、科技发达，艾滋病已经可被治愈，妓院存在也是合法的。这样生活环境下的人自由开放，滥交导致病毒产生。这样一个合理的背景造就了病毒传播的条件，而病毒相互感染再次转移的趋势，造成其快速蔓延也是灾难产生的主要原因。病毒的产生是未来人对科技的过分信任，认为一切都可以被

① 王槭：《秋灯丛话》，华莹点校，黄河出版社 1990 年版，第 185 页。

战胜，从而放纵自己狂欢滥交导致病症产生。这是人对自然，也是对自身的错误认识导致的灾难，是自然灾难的一种。但是自然灾难种类何其之多，为了更加明确地区分这种类型，将虹影笔下的《我们时代的献身者》一文详细定为病菌变异型灾难。

二、陌生化的艺术手法

俄国形式主义提出了"陌生化"一词，指将生活中我们司空见惯的东西或者活动转变为奇异的、新鲜的活动，使人获得强烈的感受。俄国形式主义的倡导者什克洛夫斯基认为只有"陌生化"的语言才有文学性可言。他提出艺术的技巧就是使对象陌生，使形式变得困难，增加感觉的难度和时间的长度。陌生化在小说诗学方面的主旨在于：加大作品的密度和可感性的基质，增强作品的可感性。自动化以及自动化的被消解，是文学能具有永久生命力的根本动力和发挥功能的两极。

虹影对此有深刻的理解，在上文中，她运用《秋灯丛话》中的一篇文章的病症，将它放置在未来这个背景下，产生了新的变化。而在未来灾难小说中，这种陌生化更多的是概念上的，较少在语言上。《我们时代的献身者》以文学的形式来描绘不存在的未来，这本身就是陌生化的艺术特点。她通过合理的科学想象，将读者经历过或者是熟知的社会经验放大、变形、置换，从而构建了一个新奇陌生的世界。

从环境上来说，虹影设置的未来世界由一个联合国大会变成的超级权力机构管理，科技快速发展，从北京飞到大西洋只用两个小时。这世界上百分之九十七的人口已经被宣布为"闲人"，不用工作，也不准再工作，随他们意愿闲逛，每月发的津贴比原来壮劳力的工资多一倍。这样的未来符合大多数人的生活追求，同时能使读者产生共鸣。在虹影描绘的这个美好的未来世界，一种与古代粤东某地女子生的癫病相似的疾病不断蔓延开来，从时间、空间以及影响程度上对疾病加以夸大，变成了一种影响世界的巨大灾难。在文中：

> 由于潜伏期太长，而且世界范围人员来往频繁，病毒几乎在短时间内遍及全球。刚在后艾滋时代好好享受了一番性自

由的现代人,几乎已经忘记了保护套是什么玩意,各地卫生局大量赶制分发,却难以普及。一时全世界茫然不知所措,大家如惊弓之鸟,远远躲开异性,尽量避免性活动。男人怕主动的女人,女人恐惧所有的男人,而医院里住满了急性麻风似的病人,医生头痛,对来采访的记者摆手,只能看着他们全身流脓污秽不可闻,唯一的办法是尽量隔离。其实医学界已确定这是性传染病,其他途径几乎不可能。隔离只是因为样子难看,气味巨臭,连护士甚至殡葬师都不愿意靠近,殡仪馆要价极高。[①]

这些夸张的社会现象和未来人对疾病采取的措施都为读者展现了这种传染病的可怕,以及足以造成毁灭整个世界的危险。

除了对灾难本身的夸大和变形,虹影还在作品中提供了应对灾难的新主张。在科学家对病毒的研究中,如何尊重人权并且要求安全成为目标之一。文中的科学家雄如一博士在经济条件窘迫的情况下,在自身感染后的三个月潜伏期中,自愿供血培养血清制造疫苗。这种应对灾难的方式给读者以震撼的同时,也能引起他们的思考。总的来说,虹影通过对古代文学中产生过的灾难进行陌生化处理,构建了一种区别现实社会的想象的灾难,借此打乱读者惯常的感知活动,在这种改编的情节中重新思考灾难的本质。

三、在灾难中反思

前面两部分分析了《我们时代的献身者》一文的灾难题材和艺术特征。接下来所要讨论的是作者虹影写作的思想内涵,也就是作家意图通过文章传递给读者的思想意识问题。

《我们时代的献身者》中包含了深切的忧患意识。在历史长河中,人类的发展史可同时可以看作是灾难的发展史,对灾难的书写重现了人类从古至今的灾难记忆,唤醒了人类的忧患意识。忧患意识不仅是

---

① 江少川、朱文斌:《台港澳暨海外华文文学作品选》,华中师范大学出版社 2013 年版,第 347 页。

人们对幻想会发生的灾难的一种情感反应，并且表现出了对现代社会秩序的合理性的怀疑。

虹影的作品中蕴含着对人类异化的深刻反思。文中讲述了被感染的男子和女子分隔在两个病区内，因为男子憎恨着把病毒转移给他们的女子，而本来清洁或者是转移病毒后的女子又通过男子染上疾病而导致对男子的仇视。《我们时代的献身者》中的科学家罗琳说："仇恨是群体的热狂：这里的男人，恨所有的女人；这里的女人，恨所有的男人。连我们每天派出的治疗队，都必须男女分开，不然要被撕碎。"①城市化进程不断加快，经济的迅速发展和科学技术的进步使大多数人成为"富贵闲人"，人们在社会中无所事事，将空虚的内心寄托于性交，满足自身的欲望从而导致病毒的肆虐。

病毒的传播源于人类自身的放纵和滥交，而其根源则是人类发展科技对自然的过度征服，以为高超的科技能够完全凌驾于自然之上，未来已经被征服的艾滋病毒转变成古代文学中记载的麻风病卷土重来，给醉生梦死的未来人以沉重的打击。虹影这一文中对未来人类的价值观提出了批判，呼唤对自然权利和秩序的尊重，不管是现在还是未来，人类都应当以更加平等和谦虚的态度去面对生活，认清自身在宇宙中的位置，尊重自然和生命。

参考文献

[1] 刘俐.在原乡和异乡中游走——虹影小说的跨国界书写及其意义[J].湖北工程学院学报,2016(04).

[2] 王蕴彤.被围困的火狐[D].长春:吉林大学,2015.

[3] 毛伟.虹影小说的故事模式与叙事策略[D].扬州:扬州大学,2007.

[4] 占骁勇.从轶事到小说——论"麻疯女"故事的起源与发展[J].南开学报,2001(05).

[5] 汤化.王椷及其《秋灯丛话》[J].明清小说研究,2000(02).

[6] 廖晓波.中国新生代科幻作家灾难题材写作研究[D].长沙:湖南大学,2015.

---

① 江少川、朱文斌:《台港澳暨海外华文文学作品选》,华中师范大学出版社2013年版,第351页。